RITUAIS COM TARÔ

Nancy C. Antenucci

RITUAIS COM TARÔ

A CHAVE OCULTA PARA CRIAR CERIMÔNIAS, IDEIAS, EXPERIÊNCIAS E DESPERTAR A MAGIA DAS CARTAS

Tradução
Marcelo Brandão Cipolla

Editora Pensamento
SÃO PAULO

Título do original: *Tarot Rituals – Ceremonies, Ideas & Experiences for the Tarot Lover.*

Publicado originalmente por Llewellyn Publications, Woodbury, MN 55125 – USA – www.llewellyn.com.

1ª edição 2025.

Editor: Adilson Silva Ramachandra
Gerente editorial: Roseli de S. Ferraz
Gerente de produção editorial: Indiara Faria Kayo
Preparação de originais: Carolina Itimura Camargo
Revisão técnica: Leo Chioda
Editoração eletrônica: Cauê Veroneze Rosa
Revisão: Luciane Gomide

Dados Internacionais de Catalogação na Publicação (CIP)
(Câmara Brasileira do Livro, SP, Brasil)

Antenucci, Nancy C.

Rituais com tarô : a chave oculta para criar cerimônias, ideias, experiências e despertar a magia das cartas / Nancy C. Antenucci ; tradução Marcelo Brandão Cipolla. -- 1. ed. -- São Paulo : Editora Pensamento, 2025.

Título original: Tarot rituals : ceremonies, ideas & experiences for the tarot lover.

ISBN 978-85-315-2456-1

1. Ritos e cerimônias 2. Tarô I. Título.

25-292661.0 CDD-133.32424

Índices para catálogo sistemático:
1. Tarô : Artes divinatórias : Ciências ocultas 133.32424
Eliete Marques da Silva - Bibliotecária - CRB-8/9380

Direitos de tradução para o Brasil adquiridos com exclusividade pela EDITORA PENSAMENTO-CULTRIX LTDA., que se reserva a propriedade literária desta tradução.
Rua Dr. Mário Vicente, 368 – 04270-000 – São Paulo – SP – Fone: (11) 2066-9000
http://www.editorapensamento.com.br
E-mail: atendimento@editorapensamento.com.br
Foi feito o depósito legal.

Este livro é dedicado ao inocente cujo coração é uma carriça, aos Hierofantes dançantes e à minha mãe, Evalyn, bem como à sua linhagem de mães – que eu possa refletir todas vocês no Amor.

SUMÁRIO

RITUAIS, TIRAGENS E MODELOS

Copas – Ritual do Coração da Visão

Uma jornada guiada para escolher uma carta de Copas para seu estado atual de amor e visão.

Ouros – Ritual da Forma

Uma jornada guiada para escolher uma carta de Ouros para seu estado atual de prosperidade e bem-estar físico.

Cartas da Corte – Ritual da Personalidade

Uma jornada guiada por aqueles que o influenciaram, aqueles que você influenciou, os diversos papéis que você desempenha e as dezesseis cartas da corte.

Arcanos Maiores – Ritual do Sagrado Criativo

Uma jornada guiada por todos os arcanos maiores para descobrir aquele que oferece a orientação necessária.

Tiragem da Essência

A tiragem culminante das seis famílias do tarô.

Ritual de um Aspecto

Selecionar cartas e fazer uma tiragem para uma intenção específica ao longo do tempo.

Ritual da Carta do Dia (CDD)

Escolher uma carta ao acaso todas as manhãs como aprendizado ou prática espiritual.

Ritual da Repetição

Uma investigação mais profunda de uma carta recorrente por meio da desconstrução.

Tiragens de Narrativas

Tiragens nas quais as cartas atuam como agentes livres ou são definidas por sua posição na tiragem. As cartas são lidas como uma narrativa, semelhante a um livro ilustrado. Estas incluem:

Ritual da Luz/Sombra/Escuridão

Três maneiras de explorar seu eu de luz, seu eu sombrio e seu eu da escuridão.

Ritual da Visão

Criar uma declaração de visão para a vida desejada.

Ritual da Casa da Alma

Uma jornada para entrar num diálogo sagrado com os vários aspectos dos seus "eus" para uma melhor consciência e integração de diferentes necessidades.

Tiragem do Fim da História

Uma tiragem de oito cartas para curar o passado.

Ritual do Ancestral Amado

Estabelecer contato com os ancestrais essenciais para receber seu apoio.

Ritual do Eu Predestinado

Encontrar seu eu futuro totalmente manifestado.

Capítulo Seis

Tiragem Livre de Viés

Leitura de diferentes opções sem saber qual opção está sendo examinada.

Ritual do Zíper

Criar uma barreira energética ao fazer uma leitura para alguém.

Os Seis Princípios

Uma estrutura para qualquer adivinhação composta por seis princípios: Aterramento, Intenção, Forma, Sincronicidade, Encerramento e Integração.

Ritual de Boas-Vindas (Primeiro Princípio do Aterramento)

Uma jornada envolvendo o consulente para criar um espaço sagrado para a leitura.

Ritual de Boas-Vindas da Lua/do Sol (Primeiro Princípio do Aterramento)

Uma extensão do Ritual de Boas-Vindas que guia o consulente a se posicionar sob o Sol ou a Lua e as estrelas.

Ritual de Boas-Vindas do Trono (Primeiro Princípio do Aterramento)

Uma extensão do Ritual de Boas-Vindas que guia o consulente a um panorama interior.

Ritual do Coelho Gordo (Segundo Princípio da Intenção)

Perguntas a serem feitas e maneiras de ouvir o consulente para uma intenção eficaz na leitura.

Tiragem do Ciclo Atual (Terceiro Princípio da Forma)

Uma tiragem de sete cartas que atua como uma visão geral das energias atuais do consulente.

Ritual do Espelho (Terceiro Princípio da Forma)

Envolver o consulente como cointérprete da leitura.

Ritual de Encerramento da Lua/do Sol (Quinto Princípio do Encerramento)

O Ritual de Encerramento da Lua/do Sol completa sua abertura e encerra a sessão.

Ritual de Encerramento do Trono (Quinto Princípio do Encerramento)

O Ritual de Encerramento do Trono completa sua abertura e encerra a sessão.

Capítulo Sete

RITUAL DA GRADE DE DOMINGO

Escolher cartas toda semana para fortalecer o fluxo de energia do seu ambiente de vida e de trabalho.

RITUAL DA LUA

Estabelecer uma intenção para se manifestar ao longo de um ciclo lunar. As cartas são escolhidas durante as quatro fases da lua: intenção, inventário, iluminação e gratidão.

RITUAL DA ESPIRAL DE ANIVERSÁRIO

Escolher uma carta de arcano maior e uma de arcano menor para cada década de vida, além de três cartas que representem o ano que está por vir.

RITUAL DO CONSELHO DE ANIVERSÁRIO

Seis cartas são escolhidas perto do seu aniversário para representar as quatro direções, o centro e a carta do ano. Essas seis cartas são duplicadas para cada ponto de virada das estações.

RODA DO ANO

Cada ponto de virada celta é descrito por sua data no calendário, perguntas pertinentes, associações com cartas de tarô, preparação e sugestões de tarô, além de uma jornada guiada dentro do Ritual de Invocação do Círculo.

Capítulo Oito

MODELO PARA CRIAR O RECIPIENTE

Criar um ambiente essencial de grupo por meio de uma abertura consciente, confidencialidade, expectativas, registros, limites, feedback e um encerramento.

RITUAL DAS QUEIXAS MENTAIS

Expressar e liberar distrações para obter um senso de unidade e foco antes da atividade principal em grupo.

Ritual Quebra-Gelo

Uma carta escolhida se torna o passaporte de cada participante para uma família específica do tarô, a fim de se descobrir uma mensagem importante a ser entregue pelo porta-voz da família.

Ritual do Estranho na Cidade

Nove ou mais participantes formam pequenos grupos. Os grupos criam culturas fictícias com exilados visitantes.

Ritual da Nossa História

Uma história ou memória é explorada de modo verbal e não verbal a partir de uma carta.

Ritual da Cruz Celta

A Tiragem da Cruz Celta é explorada enquanto os leitores tomam o lugar das cartas.

Ritual da Imagem Inicial

O grupo recebe uma imagem inicial de um consulente para combiná-la com sua resposta de uma carta à pergunta do consulente.

Ritual das Cadeiras

Uma estrutura de quietude para três a cinco leitores, movendo-se pelo caminho de uma pessoa e/ou escolhendo cartas ao longo de seus caminhos.

Ritual da Ascensão do Tarô

Uma jornada para entrar num mundo do tarô usando uma carta de arcano menor com o intuito de, no fim, encontrar um guia de arcano maior.

Ritual do Círculo de Videntes

Um exercício de representação em que metade do grupo é consulente e a outra metade é vidente.

Capítulo Nove

Ritual "Entre o que Foi e o que Virá"

Encerramento gracioso de um encontro com uma bênção e uma leitura em grupo.

Ritual da Busca

Uma bênção em grupo e mensagens para o aventureiro que está entrando num novo capítulo de sua vida.

Ritual do Santo

Honrar o Aliado Divino, Ancestral Amado ou outra energia espiritual que o guie, e possivelmente outros.

Ritual da Donzela

Um ritual formal para abençoar uma donzela ou alguém que está se descobrindo de novas maneiras.

Ritual da Mãe

Um ritual formal para abençoar uma mãe ou aqueles que são mentores.

Ritual da Anciã

Um ritual formal para abençoar uma anciã ou um idoso.

Ritual da Bênção das Alianças

Uma bênção particular das alianças antes de um casamento.

Ritual de Casamento com Tarô

Um casamento baseado no tarô, cuja estrutura se baseia em quatro ciclos significativos do relacionamento.

Capítulo Dez

Questionário para Criação de Rituais

Uma lista de itens e perguntas para criar um ritual único e eficaz.

AGRADECIMENTOS

Minha mais profunda gratidão a Tim Breslin, que corrigiu o texto e fez inúmeras pesquisas para que eu parecesse inteligente; à família Schmidt, por me permitir ficar na fazenda sagrada para ter o apoio das árvores enquanto escrevo; a Sam Lofgren, que contestou com compaixão todos os disparates; a Rita Chakrabarti, que não é apenas a leitora perfeita para este livro, mas também o tornou muito melhor; a Tanya Brody, por suas calorosas percepções; a Barbara Moore, minha querida Babs, por me encorajar a escrever outro livro do fundo do meu coração; e a meus queridos Chris e Alex, por seu apoio e amor diários.

PRÓLOGO

É uma honra saudá-lo nesta fronteira onde a vida automática encontra a vida por escolha consciente, onde o conhecimento racional e o conhecimento além do racional podem se ver e conversar, e onde você e eu nos encontramos por fim, mas, de alguma forma, outra vez. Vamos cruzar esse limiar e acompanhar um ao outro através dos *Rituais com Tarô* de Nancy Antenucci, com cartas na mão.

Mais do que palavras em páginas, o livro em que você acaba de entrar é um território rico no qual a autora preparou um caminho em espiral para você. Prepare-se para encontrar estrutura e fluidez, técnicas práticas e votos de confiança teóricos, informações testadas e comprovadas, exames de imaginação assustadores, um forte *não* para besteiras e um forte *sim* para a sua verdade. Esta jornada adornada de símbolos vai encantá-lo, desestabilizá-lo, reforçar seu brilho, quebrar suas ilusões e fazer tudo o que a Parte de Você Que o Conhece Melhor precisa fazer para que você se lembre e se torne cada vez mais quem realmente é, deixando que isso se espalhe pelo nosso mundo de uma maneira boa. Se em algum momento isso parecer assustador, use o tarô como sua âncora, mapa e trampolim criativo – toque as cartas, observe os símbolos, reflita sobre os conceitos, aplique as percepções e cumpra as cerimônias que você mesmo criar.

Caso pretenda usar *Rituais com Tarô* para aprimorar (ou descobrir!) suas habilidades como tarólogo e fornecer leituras mais pessoais, informativas e úteis, será recompensado em abundância. Os métodos simples e eficazes de Nancy para abrir, conduzir e encerrar uma sessão de tarô apelarão de modo inequívoco à sua fonte de sabedoria quando você estiver se sintonizando, quando precisar que o fluxo de conversa com a alma e o espírito permaneça alto e claro e quando estiver se desligando para se desconectar e seguir com a vida. Transforme essas práticas em rituais para fazer suas leituras brilharem!

Se o seu Eu Interior pulsa com 13,8 bilhões de anos de poder, amor, criatividade e sabedoria, formados desde o momento da Explosão Primordial ("Big Bang") até o ar que respira agora, você encontrará afirmação aqui. Se a sua alma sabe, no nível mais profundo do ritual, dançar pela cura de sua pele e sangue *e* pelo solo e água do nosso planeta com personagens do tarô como a Força e o Mundo; cantar por mudanças políticas em um transe com os poderes da Justiça e da Torre; umedecer seu sedoso Hierofante com o suco do sexo enquanto faz amor de modo caótico e vociferante com o Diabo para conter as tendências autodestrutivas da humanidade, você encontrará encorajamento. Como uma Maga do Feminino, a magia de Nancy é *incorporada*. Os dias dos magos de escrivaninha, com suas masturbações mentais, acabaram. Circunstâncias graves e tempos perturbadores exigem cerimônias que brilhem com uma originalidade sem precedentes para que possamos corporificar o que é sagrado para nós, derrubar o primeiro dominó do colapso de um *status quo* insalubre, para sermos, nas palavras da poeta June Jordan, aqueles por quem estávamos esperando.

Estou escrevendo este prólogo em setembro de 2020, mês que marca quarenta e um anos desde que o tarô entrou na minha vida e vinte e cinco anos desde que se tornou uma ferramenta que uso profissionalmente para orientar, aconselhar e ensinar clientes e alunos. Há treze anos e meio que Nancy Antenucci tem sido uma verdadeira amiga, uma irmã de alma e uma colega de tarô extraordinária. Nos conhecemos em uma conferência de tarô em abril de 2007. Desde essa epifania de conexão, rimos das piadas sujas um do outro, choramos pelas nossas perdas, apoiamos nossos consultórios particulares, nos revoltamos juntos contra políticas injustas, saboreamos conversas espirituosas e notícias importantes via ligações de vídeo e durante refeições presenciais, e proporcionamos um ao outro momentos de "eureca" com as cartas e a respeito delas. O privilégio de testemunhar a habilidade de Nancy como profissional de tarô e seu amor feroz por tudo o que é verdadeiramente bom me inspirou a confiar nela. *Você* também pode confiar, ao se sentar em nosso conselho de símbolos e amigos aqui em *Rituais com Tarô*.

por James Wells
https://jameswells.wordpress.com

PREFÁCIO

Seja bem-vindo. Este livro foi criado para aqueles que estão prontos para explorar o tarô confiando por completo na própria autoridade criativa. É bom ter um conhecimento básico das cartas, mas não é uma necessidade; há rituais projetados especificamente para o leitor novato. Meu maior desejo é que este livro se torne um recurso eficaz para pessoas dispostas a ensinar e liderar. Que ele sirva a você de inspiração esotérica, como foi para mim e para meus alunos e clientes.

Os capítulos iniciais têm um foco especial no seu relacionamento com o tarô e os rituais. O Capítulo Um introduz a compatibilidade mágica entre ambos. O Capítulo Dois estabelece ideias e práticas fundamentais. O Capítulo Três é uma exploração das cartas voltada ao desenvolvimento de confiança na própria voz, percepções e realidade como tarólogo. O Capítulo Quatro é um mergulho profundo nas forças espirituais do tarô, os arcanos maiores. Os rituais do Capítulo Cinco são explorações profundas para o cartomante solitário. O Capítulo Seis foca em rituais de leitura para outras pessoas. Os Capítulos Sete a Nove exploram rituais mais amplos, como rituais anuais, rituais em grupo, construção de comunidade e rituais formais. O Capítulo Dez o ajudará a criar seus próprios rituais. O Capítulo Onze é um resumo e uma bênção para o seu crescimento contínuo.

Minha intenção é combinar a sabedoria da Sacerdotisa com os rituais do Hierofante. Que essa união seja um catalisador em sua própria busca pela essência do tarô para sua vida e na sua vida.

Mais importante de tudo, a premissa principal desses ensinamentos é que todo amor é uma forma de magia. No entanto, nem toda magia é uma forma de amor. Advirto-o para que se atente a essa diferença.

INTRODUÇÃO

Quando ministro *workshops*, muitas vezes peço aos alunos que pensem em como descreveriam sua essência por meio de um título e uma geografia. Minha própria resposta seria: "Sou um cavalo branco dos Apalaches". (Este exercício será descrito em detalhes mais tarde para seu uso.)

Essa identidade essencial veio de uma memória que se formou quando percebi que eu não era apenas uma garota católica do interior da Pensilvânia. Enquanto brincava com minhas amigas durante o intervalo da escola, num dia frio, sugeri que brincássemos de ser cavalos para nos manter aquecidas. Eu as conduzia, galopando como o cavalo branco líder. Elas me seguiam enquanto nos movimentávamos em zigue-zague. Comecei a sentir que tinha uma cauda pesada e uma crina. Quanto mais eu brincava, mais acreditava que era um cavalo branco. Conseguia sentir o vapor espesso e quente saindo das minhas narinas. O sino que anunciava o fim do intervalo me tirou dessa fantasia, mas nunca esqueci essa experiência. Eu soube então que poderia ser "outra" se me movesse plenamente com meu coração, corpo e imaginação. Aqueles dias de infância logo foram preenchidos com os rituais prescritos pela igreja.

A igreja era um ritual constante. Esses mistérios e estruturas alimentavam minha curiosidade. Eu ouvia "confissões" na igreja quando não havia mais ninguém presente, exceto uma criança do bairro disposta a ser meu "pecador". Ser uma taróloga não está muito distante dessas primeiras práticas de confissão, em que eu incorporava um papel que ia além do meu senso de identidade. Esses rituais da religião de minha infância tiveram um impacto profundo na minha necessidade de explorar o divino através do tarô.

Havia outros mistérios além dos da Igreja Católica Apostólica Romana. Minha mãe e eu éramos atraídas por assuntos místicos, como frenologia e astrologia. Ela me deu meu primeiro baralho de tarô quando eu tinha 10 anos.

Na escola paroquial que eu frequentava, quando tivemos de apresentar objetos nossos para a turma, levei minhas cartas. A professora, que estava grávida na época, pediu uma leitura. Suspeito agora que ela tenha feito isso por pena de mim. Tirei cinco cartas e fiz o possível para dizer o que cada carta significava através da imagem. Disse a ela que seu bebê teria apenas um pequeno defeito de nascença. Ela pareceu satisfeita. A leitura estava quase esquecida até que ela deu à luz uma criança com uma orelhinha malformada.

Embora as experiências da infância e a minha formação na igreja tenham me proporcionado um ambiente sagrado, a dança se tornou minha principal forma religiosa à medida que cresci. Ela não só incentivava a representação como também era acompanhada por fantasias, música e luzes. Eu podia me perder na música. Ser uma fada, um bule ou uma rena era assunto sério, e esses rituais me levaram além das restrições da igreja.

Dediquei minha juventude à dança. As gorjetas que recebia trabalhando de garçonete complementavam meus pequenos salários de dançarina e professora em uma companhia de dança. No restaurante onde trabalhava, fiz amizade com Jeff, um colega garçom que estava na mesma situação difícil que eu. Uma noite, ele sugeriu ler o tarô. Ele distribuiu suas cartas com cuidado e depois leu em um livro a definição de cada carta escolhida. Sua voz se tornou uma trilha sonora suave. Meus olhos se fixaram em uma carta dos arcanos maiores, o Mago. Algo em mim despertou naquele momento e nunca mais voltou a adormecer. Em um ponto da minha vida em que às vezes me perguntava se estava enlouquecendo, o Mago me assegurou que não. A carta do Mago mostra uma figura impressionante, em uma pose que aparentemente liga o céu à terra. De pé atrás de um altar (o que aquece o coração de qualquer garota católica) e cercado por belíssimas cores, o Mago sugeria uma mensagem de camaradagem, confiança e apoio em uma vida enérgica e criativa.

Jeff me deu meu segundo baralho de tarô, o Morgan-Greer. Ele não veio com aquele livrinho branco (o "livro de significados" que costuma acompanhar cada baralho). Eu sequer sabia que havia um livreto de definições. Nos primórdios da popularidade do tarô e muito antes da internet, o número de livros sobre tarô era, para surpresa de muitos, reduzidíssimo. Em vez disso, eu estudava uma carta por noite, meditando sobre a imagem. Comecei a receber volumes de energia e informação de algumas cartas, enquanto de outras recebia muito pouco. Adorava explorar os panoramas interiores que essas cartas desencadeavam. Minha alma estava descobrindo uma linguagem, um espelho, um professor. Era um labirinto, e eu queria encontrar seu centro. Eu ansiava por mais.

Eu tinha lido nas cartas que meu verdadeiro professor de tarô estaria em Minneapolis. Meu irmão havia se mudado para as Cidades Gêmeas anos antes, então decidi me juntar a ele. Depois que me estabeleci com meu irmão, explorei o território do tarô. Fiquei desapontada com os métodos tradicionais de ensino que eram oferecidos. Assim como aprendi da pior maneira no raquetebol, aprender algo com as regras era muito menos interessante. Comecei a aprender sozinha usando uma abordagem intuitiva. Ao longo do caminho, tornei-me uma boa guia para outros que queriam brincar e não aderir estritamente aos estudos tradicionais do tarô. Tanto meus alunos quanto eu chegamos a novas maneiras de ver as cartas a partir de nossa própria autoridade criativa. Exercícios como ver cada carta como se fosse um filme ou uma peça de teatro serviam como explorações lúdicas e profundas. Em poucos anos, tornei-me a professora que minha leitura de tarô havia previsto anos antes.

O tarô, no entanto, ia além das conversas. Parecia um verdadeiro teatro, com tramas e personagens infinitos; as explorações verbais não podiam conter sua magia tridimensional. Minha sorte foi encontrar uma poderosa rede de colegas, artistas e acadêmicos do tarô em conferências do assunto. Nós nos apoiávamos para criar peças de teatro e dança com o intuito de entreter os participantes e aprofundar nossa experimentação. Era muito satisfatório ir além da dimensão verbal do tarô. No entanto, havia uma essência que permanecia fora do meu alcance. Cada carta fala sobre a totalidade de um mundo. Eu queria saber mais sobre esse outro mundo.

Ansiando por aquela experiência primitiva de ser um cavalo branco, eu queria explorar os mistérios através do meu corpo. O estúdio de dança se tornou um laboratório para explorar o tarô de forma não verbal. Eu não quero imitar o tarô, eu quero ser o tarô. Quero encontrar uma maneira de incorporar por completo essa linguagem de imagens.

Este livro é uma espécie de mapa da minha própria jornada com o tarô. Acredito que o tarô é uma ferramenta valiosa para revelar novos mundos. Enquanto escrevia este livro, nosso mundo mudou de forma drástica. Se você está à beira de se deixar conduzir a uma versão maior de si mesmo pelo tarô, que este livro lhe sirva bem.

Capítulo Um

A ALQUIMIA DOS RITUAIS E DO TARÔ

Os rituais históricos têm grande poder, mas não são necessariamente superiores às criações de nosso coração. Nossos próprios rituais têm o poder de nos conectar a algo maior do que nós mesmos. Quer consideremos essa dimensão maior como fonte, espírito, consciência superior ou apenas nossa melhor natureza, podemos experimentar essa grandeza de forma criativa. Somos energia pura vivendo uma experiência humana, que é uma combinação peculiar: temporal, mas eterna. O eu humano anseia por uma base de segurança e contentamento. O espírito é amor e provém do amor. Uma vida guiada pelo espírito existe numa escala completamente diferente de satisfação. Quais são as maneiras de ouvir o espírito? Como podemos estar em maior sintonia com essa faceta criativa para moldar a nossa vida de modo consciente?

Tendemos a nos limitar pelas coisas que podemos ver, cheirar, ouvir, saborear e tocar. Encontrar nossa paixão e propósito depende muito de levarmos esses sentidos a novos níveis de percepção. A imaginação e a criatividade são ingredientes-chave para sentir o invisível, ouvir a voz interior e agir a partir do instinto. Podemos transformar nossos sentidos usando símbolos, música, arte, movimento e narrativas. Essas formas criativas nos ajudam a construir uma conexão maior com nós mesmos, com nosso propósito, uns com os outros e, esperamos, com algo muito maior.

O tarô e os rituais são formas que contêm o melhor dos símbolos, da arte e da narrativa. Cada um tem suas próprias forças em termos de revelação de mensagens e mistérios. Juntas, porém, essas duas formas podem produzir uma alquimia inegável, um processo que transforma o que é comum em algo extraordinário. Tradicionalmente, a alquimia era um processo para converter metais básicos em ouro ou prata. O tarô e os rituais, juntos, fazem algo muito parecido. Sua união pode transformar ideias, sentimentos e compreensões em novas realidades.

O ritual é intenção e ação. Pode ser algo tão simples quanto um aperto de mão ao cumprimentar alguém. A intenção desse gesto é dar boas-vindas à outra pessoa. A ação é tocar a mão da pessoa de uma maneira prescrita. Em uma escala maior, como uma cerimônia fúnebre, a intenção é honrar a vida de um ente querido e invocar os ancestrais para seu rápido retorno ao lar. A ação é o texto, a canção e as histórias de sua comunidade e cultura.

Os rituais tendem a crescer em força por meio da repetição. Considere, por exemplo, que hábitos cotidianos podem ser rituais. São ações repetitivas, mas que muitas vezes são feitas sem intenção. O simples acréscimo da intenção pode transformar esses atos repetitivos em ações guiadas pelo espírito:

- Escovar os dentes – desapegar-se de palavras rudes
- Varrer/limpar o quintal – pedir proteção para o seu espaço
- Arrumar a cama – gratidão por mais um dia
- Pagar contas – abençoar o Sagrado Criativo pela sua prosperidade

Os rituais são convites conscientes para o mistério e a sincronicidade. São marcos robustos para os eventos significativos da vida:

formaturas, casamentos ou uma iniciação. As transições são, com frequência, momentos poderosos de vulnerabilidade e mudança. Os rituais podem ter um poder de transformação para afastar crenças destrutivas, abrir percepções para novas formas de ser ou permitir que encontremos o melhor caminho em um período tumultuado. São receptáculos para a fragilidade inerente ao começo e ao fim de um relacionamento e outros pontos de inflexão da vida. O ritual pode unir as pessoas, criando um senso de pertencimento e conexão.

O tarô é uma linguagem visual poderosa que se comunica com a imaginação através de uma estrutura específica de símbolos, títulos e números. Como um contador de histórias gráfico, o tarô atua como um reflexo tanto para o indivíduo quanto para a cultura. Embora as histórias do tarô tenham se originado no Renascimento Italiano, elas continuam a ganhar força em nosso coração e nossa mente até hoje. O tarô é um molde para sermos plenamente humanos.

Quer se acredite que o baralho seja uma ferramenta sincrônica eficaz sem nada de sobrenatural, uma maneira poderosa de prever padrões ou um reflexo do inconsciente, o tarô manteve seu lugar em termos de mudar percepções e práticas ao longo dos séculos. Nada mal para um conjunto de cartas ilustradas, não é mesmo?

A ação simbólica dos rituais e a linguagem simbólica do tarô formam um tipo único de encenação. O espectador suspende a descrença quando a cortina se levanta no início da peça. O participante do ritual faz algo semelhante ao declarar o espaço como sagrado. Um ritual muitas vezes é aprimorado, assim como qualquer espetáculo de palco, pela iluminação, música, texto e pessoas assumindo certos papéis. O roteiro é o esboço do ritual com uma sequência de ações e/ou a narrativa do tarô. Os trajes aumentam a importância dos participantes. Pode haver coreografia ou movimentos estilizados em ambas as formas, como luz de velas, o som quase hipnótico do embaralhamento das cartas ou a disposição das cartas em formação. O objetivo é engajar-se plenamente no processo desse tempo e lugar de representação. Se tudo for feito da forma correta, as percepções resultantes de se vivenciar uma realidade criada, seja no palco, seja em uma cerimônia, podem produzir resultados mágicos. A capacidade de facilitar novas percepções é o auge da magia.

O tarô pode atuar de várias maneiras em combinação com os rituais. Ele ajuda a focar na verdadeira intenção do ritual, bem como a projetar sua estrutura. Pode capturar o mistério durante o ritual ao entregar a mensagem ou as ações necessárias. Também pode esclarecer as mensagens recebidas durante o processo.

As práticas de rituais com tarô oferecem benefícios tangíveis, permitindo que nós:

- Nos tornemos observadores neutros da nossa vida e da vida dos outros.
- Honremos as transições do tempo para a necessária integração de mudanças conhecidas e desconhecidas.
- Recebamos informações essenciais.
- Usemos imagens e arte para cortar o ruído/restrições mentais.
- Ativemos a sincronicidade.

Neste livro, o tarô em combinação com os rituais abrangerá um enorme espectro de ideias e estruturas. Os rituais feitos com o tarô podem variar desde a simplicidade de uma tiragem básica até a sofisticação de usar as cartas de forma ritualística em uma cerimônia de casamento. Este livro fornece exercícios e rituais para o praticante solitário, grupos de quatro ou mais pessoas, pessoas que conduzem leituras para outros, assim como para transições sazonais e eventos especiais.

Seja a magia percebida como real, seja imaginária, ela é um potente agente de mudança. Explorar e criar novas realidades por meio de rituais com o tarô é o objetivo deste livro. Na psicologia junguiana, essa magia é chamada de imaginação ativa – uma técnica meditativa para trazer à tona as ideias do inconsciente. T. T. Liang, mestre de tai chi, se refere a essa essência em seu livro *Imagination Becomes Reality*. Uma expressão familiar, que descreve uma forma de praticar a confiança em si mesmo até que ela se torne uma habilidade confiável, é "finja até conseguir".

O termo que eu mesma uso é "O Poder do Faz de Conta". Fazer de conta não exclui o resultado desejado. Fazer de conta nos liberta das limitações racionais. Tem o efeito de desmontar a necessidade de autocensura. É um ato sagrado. É a primeira porta de um corredor inteiro que leva a um potencial criativo infinito. Muitas vezes, a permissão para não ser real é o que permite que alguém se torne mais real.

Confie em sua curiosidade ao explorar esses rituais e sugestões. Seu primeiro ritual sugerido: sempre bata neste livro três vezes antes de abri-lo. Vou falar mais sobre isso depois, embora você possa entender antes... ou apenas fazer de conta que entendeu.

Resumo

As características e funções tanto do tarô quanto dos rituais são exploradas. Os benefícios de praticar um e outro são inúmeros. Juntos, no entanto, eles criam uma forma que pode transcender o tempo e o espaço. Como um veículo para a magia, os rituais com tarô revelam realidades ocultas através de novas percepções. O Poder do Faz de Conta é apresentado como uma técnica eficaz a ser usada ao longo do livro. É um atalho para a imaginação e para novas possibilidades.

Capítulo Dois

FUNDAMENTOS ÚTEIS

Se tudo é energia, como definir quem somos como seres energéticos? Você acredita que somos espíritos imersos numa experiência humana? Se não, qual é a sua compreensão? Como você define esse senso maior de todos nós? É amor, espírito, fonte, criatividade, uma sabedoria coletiva? Essas perguntas não podem ser ignoradas quando se planeja trabalhar com tarô e rituais. É necessário conhecer o terreno em que nos encontramos para voar e aterrissar com eficácia. Sua própria autoridade criativa é necessária para entrar no mistério de maneira eficaz. Essa é sua conexão e compreensão singulares do espírito, da fonte ou de outra coisa. Nós "praticamos" ser espírito. É uma prática porque é difícil considerar o "eu" em uma dimensão além do corpo. Libertar-se para a própria autoridade criativa é um ato de amor. Uma prática espiritual pode apoiar ainda mais a criatividade, a compaixão e a construção de resiliência. Mergulhar dentro de si e trazer esses panoramas interiores para o mundo é uma dança rica de amor à vida. Uma prática faz toda a diferença entre reagir ao caminho à nossa frente sem um objetivo e seguir o caminho para um destino desejado. Seguir sua própria autoridade criativa significa assumir a máxima responsabilidade pelo seu bem-estar espiritual além dos modelos de certo e errado.

Tornar-se um cocriador pleno da realidade depende de assumir a responsabilidade pela própria vida. Seu estado de bem-estar é uma tarefa primordial. Isso requer o desenvolvimento contínuo de resiliência, autoconsciência e compaixão, enquanto se cultiva uma visão de curiosidade. Manter um ritual regular de higiene espiritual para si mesmo e para seu espaço de vida cria uma neutralidade equilibrada que contribui muito para uma sensação de bem-estar. As pessoas viajam pelos âmbitos do mistério se estiverem conectadas consigo mesmas com amor e apoio. Desse ponto em diante, essa fonte será chamada de "Sagrado Criativo", mas encorajo-o a nomeá-la e a reivindicá-la por si mesmo.

Como espíritos e seres humanos, pertencemos a dois mundos. Essa interseção é um domínio inteiro de possibilidades - um mundo que existe entre os mundos. Antes de iniciar uma exploração casual dos rituais e da adivinhação, é aconselhável entrar nesse espaço limiar com atenção e intenção. Limites são necessários em todos os mundos.

A prática chamada "aterramento" engloba um amplo espectro de técnicas que permitem entrar por completo num espaço limiar mental, emocional e físico. Neste livro, algumas sugestões básicas são apresentadas e há inúmeros recursos externos disponíveis sobre técnicas de respiração, movimento e liberação do tempo linear para ajudar nessa transição crucial. A sobrecarga mental e o esgotamento decorrentes da adivinhação podem resultar de um ritual de aterramento incompleto ou inexistente.

É útil realizar este ritual simples antes de quaisquer outros rituais ou exercícios deste livro.

Ritual de Aterramento

Feche os olhos e examine, devagar, todo o seu corpo. Há algo que chame a sua atenção? Por exemplo, se houver um ponto de tensão no pescoço ou nos ombros, um pouco de alongamento é necessário. Ouça seu corpo e faça quaisquer ajustes de postura ou respiração desejados.

Encontre uma posição confortável para se sentar com os pés no chão. Respire devagar, silenciosa e suavemente. Visualize cada inspiração como uma cor vibrante. Por exemplo, use o Poder do Faz de Conta para imaginar que está respirando a cor azul. O azul representa a forma do seu espírito. Cada inspiração colorida preenche seu corpo. Cada expiração é a liberação de tudo o que você não precisa, como preocupações ou aflições. Imagine a expiração como fumaça cinza ou preta.

Visualize a cor vibrante das suas inspirações se expandindo através e além do seu corpo, cercando-o em todas as direções por cerca de trinta centímetros. À medida que se expande além do contorno do seu corpo, é como se ele agora estivesse dentro de um grande ovo, por assim dizer. Abra-se para o Sagrado Criativo ao abrir os olhos. Você está renovado e desperto.

Agora, vamos entrar nos mistérios do tarô. Se você é totalmente novo no tarô, encorajo-o a trabalhar com meu primeiro livro, *Psychic Tarot: Using Your Natural Abilities to Read the Cards*. Ele descreve princípios intuitivos básicos para o leitor solitário. Também incluí outras referências de tarô na lista de leituras sugeridas no final deste livro. Não entraremos em detalhes para o leitor iniciante, mas não se desanime, pois os conceitos básicos serão fornecidos. Há muito a ganhar para qualquer leitor curioso, seja novato, seja experiente.

O tarô é uma linguagem de imagens. Ele contém as possibilidades de inúmeras narrativas em suas 78 cartas ou entre elas. O tarô tem três famílias: as forças maiores da vida nos 22 arcanos maiores, a magia cotidiana da vida nos quarenta arcanos menores e os retratos humanos representados pelas dezesseis cartas da corte dos arcanos menores. Da raiz latina *arcanum*, "arcano" significa "segredo". Como os "grandes segredos", os arcanos maiores representam o mistério e as forças mutáveis de nossa natureza maior. Eles podem ser vistos como forças orientadoras, diferentes aspectos do Sagrado Criativo, mestres ou encruzilhadas. O Louco dá início a tudo como o número zero. A jornada continua até o último arcano maior: o Mundo. Cada uma dessas cartas tem um título descritivo, como "a Imperatriz" ou "o Julgamento". Também podem ser denotadas por números romanos, dependendo do baralho.

Os arcanos menores refletem os mistérios da vida cotidiana. Os naipes dos arcanos menores, em geral separados em naipes de Espadas, Paus, Copas e Ouros (mas, às vezes, descritos de forma diferente), são muito parecidos com as cartas de jogo comuns, numeradas de Ás a Dez. Cada naipe simboliza um elemento que compõe a própria vida: Ar, Fogo, Água e Terra. Como somos espíritos tendo uma experiência humana, esses quatro elementos são os dons da vida, sua substância e magia. São, portanto, a espinha dorsal do tarô.

A "realeza" dos quatro naipes são as dezesseis cartas da corte. Estas são chamadas com maior frequência de Valete, Cavaleiro, Rainha e Rei dentro do sistema Waite-Smith. As cartas da corte representam os diversos papéis que cada um de nós desempenha, além das pessoas em nossa vida. Outra maneira de ler as cartas da corte é pela sua energia elementar pura ou posição tradicional: o Valete representa o risco e a inexperiência de gerenciar seu elemento, o Cavaleiro é o foco e a ação do guerreiro, a Rainha é a visionária e supervisora do povo e o Rei é o compromisso e a responsabilidade de um líder. Muitos consideram as cartas da corte as mais difíceis de ler. Não há problema em ver os grandes arquétipos como os arcanos maiores, e as cenas da vida cotidiana como nos arcanos menores. As cartas da corte refletem os espelhos humanos, o que pode causar projeção e julgamento. Com o tempo e a experiência, no entanto, as cartas da corte podem realmente expandir nossa visão de como vemos a nós mesmos e aos outros.

O mundo dos elementos tem sido observado em rituais há séculos. É uma parte inalienável de muitas religiões e crenças espirituais. O ciclo anual das estações, também conhecido como a Roda do Ano, é uma plataforma metafórica da vida que observa todos os elementos. Eis a seguir um modelo comum das direções dentro das rodas medicinais das religiões baseadas na terra:

- Leste: Ar
- Sul: Fogo
- Oeste: Água
- Norte: Terra

Essa estrutura orgânica reflete uma série de ritmos fundamentais: as estações, as fases da vida de uma pessoa e a transformação do dia em noite. É uma espécie de relógio sagrado.

Todos os começos têm início no Leste. O naipe de Espadas representa este elemento Ar. Esse naipe denota poder, pensamento e comunicação. Tudo começa com o pensamento. O potencial da mente é tão aberto e amplo quanto o céu. É o poder da percepção e da consciência.

A direção Sul traz o calor. A madeira de Paus (ou Bastões) alimenta todas as fogueiras – inclusive as da imaginação, da sensualidade e da expressão no mundo. Assim como em qualquer processo criativo gratificante, uma pessoa pode se consumir em sua totalidade, como ao observar um fogo que queima. É uma dança de movimento além do tempo.

A água está no Oeste. Este é o lar de Copas (também conhecidas como Cálices). O naipe de Copas simboliza nosso coração. Ele pode processar um oceano de sentimentos e visões. As emoções são representadas por todas as formas de água – sólida, líquida e gasosa. O gelo pode simbolizar quando estamos feridos, o vapor pode simbolizar a raiva, e os rios, as emoções em fluxo. Sem essa conexão com nós mesmos e com os outros, a vida pode facilmente se tornar repetitiva ou mecânica.

A direção Norte é o lar de Ouros (ou Pentáculos). O naipe de Ouros corresponde à forma e à substância da matéria – da própria terra. A matéria é importante! Ouros simboliza os recursos naturais e as diferentes formas de tempo, dinheiro, foco, energia e saúde.

A forte natureza simbólica do tarô expressada através dos elementos e do Sagrado Criativo, em conjunto com o teatro sagrado dos rituais, proporciona a base para um grande catalisador de mudanças.

Vamos agora focar nos rituais, um termo utilizado ao longo deste livro. Os rituais podem ser tão simples quanto realizar uma leitura de tarô ou tão complexos quanto realizar um trabalho introspectivo como a meditação individual. Estruturas e práticas formais para grupos também são exploradas. Todo este livro leva aos rituais que criamos para gerar as mudanças dinâmicas necessárias que desejamos na vida.

Ao contrário de um exercício ou estudo, um ritual requer uma atenção cuidadosa a:

- ***Intenção***: O que é desejado? Qual é o pedido, o resultado desejado ou o esclarecimento necessário?
- ***Forma***: Como você receberá a informação? Será através de uma leitura de tarô, meditação, exercício planejado, leitura canalizada ou outro método?
- ***Recebimento***: Esta é a resposta do Sagrado Criativo, a resposta através da qual mensagens, percepções e padrões são revelados.
- ***Integração***: Como você integrará em sua vida cotidiana a percepção ou mensagem recebida?

Os rituais são atos criativos para "representar" intenções específicas, e toda grande magia começa com uma intenção sólida. É importante sentir e esclarecer suas intenções por completo. Por que você está fazendo isso? O que você espera que aconteça? O que você sente que precisa receber do Sagrado Criativo? Por exemplo, digamos que se queira encontrar um novo emprego. A intenção poderia ser: "Eu trabalho com e para pessoas de quem gosto, ganhando um salário que sustente minha vida". É preciso se manter inspirado e esperançoso durante essa busca.

Depois de esclarecer a intenção, reserve um tempo para deixá-la amadurecer. Mantenha-se aberto a padrões, imagens ou percepções adicionais. Permaneça fiel ao processo enquanto se mantém desapegado do resultado. Dê espaço para que o Sagrado Criativo "brinque" com você.

Usando o Poder do Faz de Conta, imagine que você é um mago sagrado e treinado que canaliza sem esforço a beleza e o poder do amor. Escreva, medite, sonhe, adivinhe e trabalhe com uma mente, coração e corpo abertos e receptivos. Permita que a imaginação e a confiança assumam o controle. Diga sim, de início, a todas as ideias. Apenas quando tiver reunido tudo o que deseja comece o processo de filtrar as melhores ideias para o ritual. Confie que o que precisa surgir, surgirá. O mistério não é dirigido, ele é convidado a entrar.

Lembre-se de que o tempo é fluido entre os mundos. Essa mudança do tempo linear para uma sensação de tempo circular ou infinito é, em si, um ato sagrado. Todos nós já experimentamos essa sensação ao nos perdermos numa conversa com um bom amigo, ao fazermos algo que amamos ou durante as férias. Essa sensação de "todo o tempo" é o tempo sagrado. Abrir-se ao seu Sagrado Criativo permite que o tempo linear desapareça numa teia onde passado, presente e futuro são imaginados. Aja como se isso fosse possível; isso ajudará muito a permitir que o tempo se abra.

Os rituais são, em última análise, uma estrutura para que o Sagrado Criativo possa ser sentido ou ouvido. O coração dos rituais, a intenção desejada, precisa de uma estrutura ou forma. A forma segue a função. As funções a seguir ajudarão a criar um ritual significativo.

O quê: A intenção tende a ser um pedido, uma espécie de oração ou uma reverência. Encontre o texto, as ferramentas e os adereços necessários para expressá-la de forma plena. Não há escolha certa ou errada na seleção. O que torna a intenção real para você?

Como: Reserve um tempo para o silêncio, a fim de receber respostas e percepções. O tempo reservado para ouvir é, muitas vezes, o ponto transformador do ritual. Após solicitar o *insight*, espere por uma mensagem ou recebimento. Pode ser uma informação que você sente ou uma mudança de perspectiva. Escolher cartas de tarô é uma boa maneira de receber mensagens.

Depois, imagine-se saindo do tempo sagrado, fechando as portas para reentrar no tempo linear.

Quando: Quer se siga os ciclos lunares ou um aniversário específico, é bom definir uma hora e data específicas para o ritual. Criar uma data e duração específicas contribui para a potência do rito. Dedicar um tempo determinado minimiza o barulho mental que permanece no tempo linear.

Onde: O espaço a ser considerado é tanto literal quanto energético. Pode haver uma região geográfica específica adequada para o ritual. O espaço escolhido precisa oferecer segurança e privacidade. Beleza e espaço para se movimentar são úteis, embora rituais possam ser criados em qualquer lugar – até mesmo no seu carro.

Quem: Rituais são atos íntimos. Convide participantes humanos e divinos que apoiem você e sua intenção – por exemplo, um ente querido que já faleceu ou um Aliado Divino que traga clareza e paz. Relacionamentos com esses dois grupos criam uma conexão com aquele senso maior de si mesmo. Nenhum de nós está verdadeiramente sozinho. Confiar no Sagrado Criativo em sua compreensão desse senso traz a você tudo aquilo que é seu.

Outros: Considere todos os aspectos de um bom teatro – iluminação, figurino, cenário, direção, um roteiro e som. Mais e maior nem sempre é melhor – um simples sino ou um vaso de flores podem fazer maravilhas.

Ritual de Invocação do Círculo

Uma base sólida para o uso do tarô em rituais é aterrar-se, abrir as quatro direções ou quadrantes para criar um espaço sagrado, ouvir mensagens do Sagrado Criativo e fechar os quadrantes. Essa estrutura está presente no ritual básico a seguir e é o modelo básico utilizado ao longo do restante deste livro.

A Preparação

Escolha seu espaço cerimonial com cuidado e, em seguida, marque os quatro quadrantes apontando as direções reais do espaço de alguma forma. Isso pode ser algo simples como acender uma vela em cada direção: Leste, Sul, Oeste e Norte. É visualmente eficaz montar altares para cada quadrante com símbolos ou objetos correspondentes àquela direção específica – por exemplo, uma bela tigela de água assentada no Oeste ou penas colocadas no Leste.

Marque o centro do círculo – uma área para meditar, sentar-se, ouvir e receber informações do Sagrado Criativo. A maior parte do ritual será ativada nessa área central. Como você pode ficar sentado por quinze minutos ou mais, um tapete de meditação ou cadeira pode ser útil para seu conforto. O baralho pode ser colocado no centro para facilitar o acesso. Uma trilha sonora de música suave ou outros sons aprofunda a suspensão da realidade. Você pode optar por um *timer* para relaxar e se entregar ao recebimento das mensagens do ritual. Inclua quaisquer lembranças visuais, intenções escritas que possam ser lidas em voz alta ou poesias para uma expressão verbal dedicada ao Sagrado Criativo.

O Ritual

Primeiro de tudo, é essencial entrar em qualquer espaço sagrado sentindo-se conectado ao seu corpo, mente e espírito. O Ritual de Aterramento (p. 31) é um exemplo. Você também pode visualizar feixes de luz colorida descendo pelo topo de sua cabeça e subindo da terra através dos seus pés. É necessário mudar o foco da sua energia das responsabilidades e demandas do dia a dia para se preparar para entrar num senso diferente de tempo e espaço.

Mova-se no sentido horário passando por cada direção, começando pelo Leste, depois seguindo para o Sul, Oeste e Norte. Convide os guardiões amorosos – seu Sagrado Criativo na forma de Aliados Divinos e Ancestrais Amados – de cada quadrante. Se desejar, acenda uma vela em cada quadrante. Convide, invoque e/ou receba qualquer presença amorosa necessária para o ritual. Imagine o próprio elemento, como um vento forte no Leste, o calor de um fogo no Sul, o ritmo hipnótico de um oceano no Oeste ou o cheiro de musgo no Norte. Use o Poder do Faz de Conta para abrir portais onde todo o amor existe em todos os estados de ser e de possibilidades.

Após o reconhecimento e a invocação de cada quadrante, sente-se no centro do círculo ritualístico com seu pedido ou intenção. O ponto alto do ritual é sentar-se em silêncio no centro por certo tempo para receber uma imagem, mensagem ou conhecimento do Sagrado Criativo. Tire cartas de tarô durante ou após a meditação para obter percepções futuras. Por exemplo, você pode tirar três cartas correspondentes ao passado, presente e futuro. Você pode interpretá-las dentro do ritual ou guardá-las para interpretar dentro de alguns dias.

Quando houver uma sensação de completude ou um tempo designado tiver passado, desloque-se no sentido anti-horário, começando pelo Norte, para agradecer a presença de cada direção. Apagar as velas dos quadrantes ou tocar um sino é uma forma satisfatória de encerramento. Deixe o ritual se assentar em seu coração. Reflita e registre as mensagens recebidas através das cartas escolhidas ou dos recebimentos energéticos.

Resumo

O conceito de ser guiado pelo espírito, a própria autoridade criativa e o Sagrado Criativo se fundem lindamente no ato de ser um cocriador da própria vida. O Poder do Faz de Conta nos permite mergulhar no mistério e no potencial da vida. Separadamente, o tarô e os rituais são poderosos dispositivos simbólicos e narrativos. Juntos, eles formam uma alquimia que tem o potencial de atravessar os véus do mistério para trazer mudança e transformação. Ambas as formas utilizam, de maneira brilhante, os quatro elementos como base da vida.

Capítulo Três

PARA O LEITOR SOLITÁRIO

Este capítulo se concentra no uso do tarô como uma ferramenta principal para rituais, seja em adivinhação, exploração pessoal, celebração, seja com o intuito de honrar um evento. As várias sugestões o ajudarão a desenvolver sua voz única. Ideias são apresentadas para escolher um baralho principal e baralhos adicionais a serem usados em rituais. Depois de abençoar seu baralho principal, o Ritual de Uma Carta é um método que pode ser usado para descobrir a essência de cada carta. Um exame mais profundo dos aspectos das famílias de tarô pode ser alcançado através da tiragem da Essência. O Ritual de Um Aspecto e o popular Ritual da Carta do Dia podem criar estruturas de práticas espirituais profundas. Essas tiragens e técnicas de fácil uso são oferecidas tanto para o leitor iniciante quanto para os mais experientes. Sinta-se à vontade para modificar esses rituais e acrescentar-lhes o que você desejar. Lembre-se de que é preciso descobrir o que é real para você. Abandone o paradigma de certo e errado e lembre-se de que o processo de adivinhação começa por dentro.

A energia é o material básico de toda a vida e é também a linguagem do espírito. Lemos a energia por meio de padrões, e o reconhecimento de padrões é essencial nesse esforço. Perceber padrões através das imagens e da arte do tarô é uma descoberta que leva a vida toda. Embora existam definições usadas há séculos para cada carta, padrões mais profundos de significado surgirão com ou sem esse conhecimento.

O tarô é uma forma de arte viva. Comece o relacionamento com essa coleção de imagens confiando no que você vê *e* sente. Queremos desenvolver a capacidade de falar com fluência sobre imagens. As imagens podem literalmente abrir portais de energia e tempo. Quanto mais "ouvimos" as imagens, mais habilidosos seremos em "falar" imagens.

Existem maneiras de fortalecer sua linguagem de imagens:

- Comece a relacionar imagens aleatórias para criar histórias. Três imagens são suficientes para um enredo. Por exemplo, use uma imagem do Instagram, um *outdoor* e uma foto de revista em uma estrutura clássica de história: "Era uma vez (primeira imagem), depois aconteceu tal e tal (segunda imagem), e no fim (terceira imagem)".
- Desative o áudio de qualquer filme, programa ou série para decifrar as mensagens observando a linguagem corporal, cores, símbolos etc. Melhor ainda, mude as configurações do programa para um idioma que você não conhece.
- Crie um parágrafo de "linguagem" de rede social usando apenas imagens e GIFs.
- Brinque e trabalhe com livros de colorir.

Olhar, ouvir e sentir a energia de uma imagem é um passo fundamental para perceber padrões maiores.

Vamos nos concentrar em nos tornarmos videntes. Através do Poder do Faz de Conta, imagine que você teve um treinamento anterior nas artes intuitivas. Imagine que aprendeu com pessoas muito mais sábias do que você. Por meio dos ensinamentos delas, você se tornou hábil em confiar no seu sexto sentido para servir a si mesmo e a outras pessoas. Tem grande habilidade para observar os outros enquanto se mantém aberto às possibilidades entre os mundos. As percepções que você recebe enriquecem a vida deles. Enquanto explora o tarô, saiba que você está se lembrando de um treinamento glorioso e do apoio de outra encarnação. Caso não sinta outras vidas como vidente, faça de conta que você, as cartas e tudo mais é energia. Por exemplo, imagine luz ou cor saindo das suas mãos ou das cartas.

Com o tempo, vários baralhos de tarô podem atender a diferentes necessidades para certos estados de ser ou ocasiões especiais. Pode-se usar baralhos específicos ao fazer leituras para outras pessoas. Outros baralhos podem ser apenas para uso pessoal do tarólogo. Existem baralhos que funcionam bem em ambos os contextos. É possível saber o que é uma boa escolha por preferência instantânea ou tentativa e erro. No entanto, agora, comprometa-se com um baralho enquanto aprende o tarô. Esse baralho se tornará seu instrumento principal, assim como uma pessoa pode começar sua educação musical usando um piano. Uma vez que os fundamentos da música sejam aprendidos, como ler partituras e praticar escalas, essas habilidades podem ser transferidas para outros instrumentos. Da mesma forma, com o tarô, aprender com um baralho principal estabelece uma compreensão fundamental. Todos os baralhos adicionais que você venha a usar depois serão variações dessa linguagem principal, assim como um músico toca outros instrumentos depois de começar com o piano.

Ao escolher um baralho, procure um cuja arte e filosofia ressoem fortemente com seus próprios gostos e crenças. As cartas de tarô vêm em quase todos os estilos artísticos e cosmologias que se possa imaginar. Aproveite o processo de escolher um baralho que agrade tanto ao seu senso artístico quanto à sua espiritualidade. Cenas ilustradas para cada uma das cartas dos arcanos menores são muito recomendadas para iniciantes no tarô. A imagem precisa retratar uma cena, como o Quatro de Ouros mostrando uma pessoa segurando quatro pentáculos com firmeza, o que transmitirá uma mensagem diferente da que seria transmitida pela mera ilustração de quatro moedas ou discos. Pode ser confuso trabalhar com um baralho que mostra apenas múltiplos objetos em vez de cenas.

Este livro usa o sistema Waite-Smith[1] como base. Algumas adaptações serão necessárias se você optar pelos baralhos Thoth, Marselha ou outros baralhos independentes que têm estruturas e imagens alternativas.

Já escolheu seu baralho principal? É hora de tomar posse do seu baralho como sua ferramenta. Lembre-se de que é benéfico realizar o Ritual de Aterramento (p. 31) antes de qualquer outro ritual sugerido ou exploração casual.

Ritual de Unção do Baralho

Ao remover o plástico ou a capa do baralho, agradeça a todos que trabalharam para trazê-lo até suas mãos. Retire o baralho da caixa. Encontre uma bolsa, saquinho ou caixa de madeira adequada para guardá-lo, a menos que goste da embalagem original. Feche os olhos enquanto segura o baralho. Dê as boas-vindas ao espírito dele.

Depois de deixar os sentimentos se acalmarem, olhe para cada carta como se estivesse conhecendo um bom amigo pela primeira vez. Quando terminar, embaralhe ou misture todas as cartas. Escolha uma carta virada para baixo ao acaso, após perguntar: "Como você e eu podemos servir melhor ao Sagrado Criativo?". Olhe para a carta e dê livre curso a seus julgamentos iniciais ("esta carta é boa/ruim/não era o que eu queria", "socorro, o que isso significa?" etc.). Após essa resposta inicial, aprofunde-se. Anote as palavras de ação iniciais que vêm à mente.

---

1. Para saber mais sobre um dos baralhos mais influentes do mundo, confira o *Tarô Original Waite-Smith* 1909 (Editora Pensamento, 2024), composto por dois livros importantes sobre esse sistema de imagens: o de Sasha Graham, ideal para novatos, e o clássico de A. E. Waite, um documento precioso da história do Tarô, pela primeira vez traduzido e publicado na íntegra no Brasil. (N. do RT.)

Talvez você sinta uma grande paz na carta, então a palavra de ação pode ser "fluir" ou "relaxar." Esses verbos são pistas sobre a essência desse baralho. Junte as cartas. Abençoe-as antes de guardá-las em seu lugar.

Para baralhos usados, você pode acrescentar uma carga adicional colocando-as sobre uma mesa que receba a luz da lua ou do sol, passando as cartas pela fumaça de suas ervas favoritas ou borrifando-as com Água de Florida (uma colônia suave bastante usada para limpezas espirituais).

Seu primeiro baralho pode ter sua própria magia especial. Eu uso meu baralho original apenas para propósitos ritualísticos. Por exemplo, enterrei Kiki, minha companheira siamesa e animal familiar, com a carta da Rainha de Paus. Também usei certas cartas para um quadro de imagens criado com o intuito de engravidar. Funcionou.

Para o propósito deste livro, seria útil ter um baralho baseado no sistema Waite-Smith. Também é recomendado ter alguns baralhos que possam ser usados sobretudo em contextos de rituais. Tenha pelo menos um que possa ser colocado no chão ou em uma superfície externa se não quiser que seu baralho principal sofra desgastes. Também ajuda ter um baralho que possa ser alterado fisicamente, como usar partes das cartas em uma colagem, queimá-las ou enterrá-las, ou dar uma carta a alguém como uma bênção.

Com o baralho principal escolhido e abençoado, é hora de conhecer os 78 painéis narrativos. A estrutura a seguir é um método para abordar cada carta no âmbito mental, emocional, físico e espiritual.

Você vê suas cartas de tarô pela primeira vez apenas uma vez. Explorações como o ritual a seguir merecem ser registradas para que a sua primeira impressão seja lembrada. Dedique um diário grande para essas percepções sobre o tarô. Considere manter um diário que possa ser expandido com páginas adicionais, como um fichário. Cada carta pode ter sua própria seção. Além disso, acompanhar eventos significativos, marcos e a data no próprio livro de definições do seu baralho pode oferecer percepções inestimáveis e revelar um padrão maior ao longo do tempo.

Ritual para Entrar na Carta

Dedique um tempo para observação, pesquisa, incorporação, escrita e meditação de cada carta. Registre todas as descobertas significativas e a data. Comece com o Ás de Espadas e vá até o Rei de Espadas. Repita com Paus, Copas e Ouros. Deixe os arcanos maiores para um grande final.

Observação

Qual é o seu juízo imediato? Essa carta é boa, negativa, assustadora, confusa, bonita ou poderosa? Agora respire para ir além da sua primeira impressão. Onde está a principal carga ou energia representada na imagem? Que pensamento, memória, mensagem ou ideia está sendo ativado dentro de você?

Pesquisa

Sem se aprofundar demais nesta primeira etapa, encontre significados tradicionais resumidos em algumas palavras-chave. Recomendo enfaticamente o livro *Seventy-Eight Degrees of Wisdom,*[2] da renomada mestra de tarô Rachel Pollack, que inclui uma lista detalhada de significados históricos para cada carta. Escolha significados que ressoem fortemente com você.

Incorporação

Seu corpo possui uma sabedoria animal que melhorará de maneira significativa o modo como você percebe uma carta. Escolha um aspecto ou gesto da carta. Por exemplo, concentre-se na pose imóvel do Cavaleiro de Ouros. Imite a pose e a expressão. Olhe na mesma direção. Comece com esse gesto ou sensação da carta. Feche os olhos. Encontre isso em seu corpo. Você sente algo no peito, na garganta ou em outro lugar?

2. *Setenta e Oito Graus de Sabedoria: Uma Jornada de Autoconhecimento Através do Tarô e seus Mistérios*. São Paulo: Pensamento, 2022.

Chame a energia da carta para dentro de você. Diga uma palavra-chave desta carta em voz alta, três vezes. Por exemplo, para esse cavaleiro em particular, talvez você sinta "esperando, esperando, esperando". Mova-se em ondas crescentes, lentas e constantes. Vá além da sua mente. Ouça o que seu corpo fará com esse movimento e palavra-chave. Torne-se um observador interno do que se move dentro de você. Essa exploração não verbal pode revelar percepções surpreendentes.

Escrita

Esta é a minha versão de um exercício incrivelmente profundo criado por Rachel Pollack:

- Liste tudo o que você vê de fato na carta, incluindo o ambiente, o tipo de pessoas, animais etc.
- Anote tudo o que você sente, como o estado de espírito da figura, o que pode ter acontecido logo antes deste momento ou o clima geral.
- Escreva sobre a história vista e sentida na carta como um conto de fadas, começando com "Era uma vez...". Mantenha-a simples e fantástica.
- Como essa história se aplica à sua vida no momento atual?

Meditação

Ajuste um temporizador para quinze minutos. Mantenha a imagem da carta em mente. Veja a cena bidimensional da carta se expandindo devagar em todas as direções para abranger um mundo maior. Permaneça desapegado de qualquer resultado. Permita que sua curiosidade siga qualquer coisa que surja. Como essa carta se torna parte de um mundo maior? Como ela descreve ou enquadra alguma parte da sua vida? Como você se relaciona com essa cena?

Depois de observar essa carta a partir dessas diferentes perspectivas, certifique-se de incluir o que mais o surpreendeu. Esses momentos têm um impacto duradouro na sua compreensão.

Uma ideia útil enquanto você descobre sua própria voz no tarô é lembrar que a essência do tarô é de natureza elementar. Essa linguagem de imagens se expressa através dos elementos: Terra, Ar, Água e Fogo. Pense em si mesmo como sendo composto pelos quatro elementos. Os elementos naturalmente interagem entre si e são a base de forças maiores de amor – os arcanos maiores.

AS FAMÍLIAS DO TARÔ

- Espadas: Ás a Rei – Ar – Leste
- Paus: Ás a Rei – Fogo – Sul
- Copas: Ás a Rei – Água – Oeste
- Ouros: Ás a Rei – Terra – Norte
- Cartas da Corte: Valete, Cavaleiro, Rainha, Rei – Humanidade
- Arcanos Maiores: 0 a 21 – Forças do Sagrado Criativo

Os rituais a seguir são projetados para cada uma dessas famílias. Esses rituais lhe darão a experiência de ser o Mago. Como o Mago, você se posiciona num altar com os quatro elementos para canalizar a energia entre a terra e o céu.

É possível realizar cada ritual por si só ou fazer todos eles para culminar na tiragem da Essência, que é explicada mais adiante neste capítulo. Registre qual carta é escolhida durante a meditação ou meditações. A tiragem da Essência é particularmente eficaz durante as mudanças de estação, aniversários e no Ano Novo.

Recomendações de cenários físicos são fornecidas para lhe dar uma noção de espaço, usando locais reais ou metafóricos. Virar-se na direção do próprio elemento ajuda o fluxo de energia. Dedique um espaço para ser um altar nessa série de rituais. Pode ser apenas uma mesa ou um lugar definido por velas para cada direção.

Lembre-se, o Ritual de Aterramento (na p. 31) é um passo necessário para entrar no tempo sagrado.

Espadas – Ritual da Mente

Separe todas as cartas de Espadas do baralho. Embaralhe apenas esse naipe. Coloque as cartas viradas para baixo em um círculo ao seu redor ou em uma superfície ao seu alcance.

Cenário

Imagine-se no topo de uma colina, voltado ao Leste, olhando para um céu imenso. Sente-se em silêncio e feche os olhos. Visualize uma grande pedra. Dentro dela está sua espada, enterrada. Esta é a espada que encarnou com você desde o começo. Apenas o cabo é visível. Quando estiver pronto para empunhar seu poder, responsabilidade e plena capacidade de comunicar-se de forma autêntica, puxe a espada da rocha. A espada pode não sair da pedra com facilidade, sobretudo se você tiver alguma dúvida ou expectativa. No entanto, quando a pedra a soltar, você sentirá uma onda de energia percorrer seu braço e entrar em todo o seu corpo. Coloque a espada na ala Leste do altar.

Abra os olhos. Escolha uma carta aleatória do círculo, sentindo qual energia mais combina com a energia da espada. Olhe para a carta. Essa carta reflete uma mensagem importante sobre seu poder atual e sua capacidade de se comunicar de maneira eficaz. Qual é essa mensagem? Anote-a. Se essa mensagem não for compreendida de imediato, anote suas impressões iniciais.

Paus – Ritual da Expressão

Separe todas as cartas de Paus do baralho. Embaralhe apenas esse naipe. Coloque as cartas viradas para baixo em um círculo ao seu redor ou em uma superfície ao seu alcance.

Cenário

Imagine que você está voltado para o Sul, sentado em frente a uma fogueira ou a uma vela acesa. Acender e manter uma fogueira real durante todo o ritual será muito útil. Uma vela ou um pequeno caldeirão também servem.

Sente-se em silêncio e feche os olhos. Se não estiver perto de uma fogueira de verdade, visualize-a. Observe as chamas queimarem o tempo linear e as preocupações. Dentro das chamas, visualize sua vara – a vara que encarnou com você desde o começo. Essa vara é o poder da Árvore da Vida, que nunca é destruído. Ela é sua força vital. Quando estiver pronto para experimentar sua plena sensualidade, criatividade e verdadeira identidade, chame a vara para vir até você. O fogo parece estranhamente fluido e a vara se encaixa perfeitamente em sua mão. Você sente uma vitalidade e conexão com a terra emanando por todo o seu corpo. Coloque a vara na ala Sul do altar.

Abra os olhos e encontre a carta cuja energia corresponde à vara, em meio às cartas de Paus viradas para baixo à sua frente. Essa carta fala sobre a maneira atual como você expressa sua magia e sua essência única no mundo. Que percepções surgiram?

Copas – Ritual do Coração da Visão

Depois de separar todas as cartas de Copas do baralho, embaralhe apenas esse naipe. Coloque-as viradas para baixo em um círculo ao seu redor ou em uma superfície ao seu alcance.

Cenário

Imagine que você está voltado para o Oeste, perto de um rio ou de uma fonte. Tomar um banho quente ou nadar antes desta prática seria útil.

Sente-se em silêncio e feche os olhos. Visualize-se sentado perto de um corpo de água. O cálice traz consigo a profundidade e a expansividade das águas profundas. Imagine ouvir a água e deixe-a acalmá-lo. Quando estiver pronto para aceitar uma visão completa sem censura, chame pelo cálice que encarnou com você. Depois de chamar, estenda o braço para receber o cálice desse corpo de água. Ao segurar o cálice, sinta seu coração e intuição se expandindo com facilidade. Coloque o cálice na parte Oeste do altar.

Abra os olhos e selecione uma carta que corresponda à vibração do cálice que você segurou. Esta carta reflete a maneira como você atualmente ama e ensina os outros a amá-lo.

Ouros - Ritual da Forma

Depois de separar todas as cartas de Ouros do baralho, embaralhe apenas esse naipe. Coloque-as viradas para baixo em um círculo ao seu redor ou em uma superfície ao seu alcance.

Cenário

Imagine-se voltado para o Norte, segurando levemente um cristal de sua escolha, ou sentado em meio a um bosque.

Sente-se em silêncio e feche os olhos. Visualize-se sobre um montículo de terra. Deixe que a terra o sustente por completo. Libere todo o estresse relacionado a dinheiro, trabalho, saúde e tempo. Enquanto você repousa, aos poucos tome consciência da energia de cura que vem de cima e de baixo.

Seu corpo a absorve de imediato. O estresse se dissipa e desaparece. Quando estiver pronto, chame o pentáculo que chegou durante sua encarnação. Esse cristal de cinco pontas trará uma sensação de integridade e vitalidade. O cristal representa a abundância deste planeta. Coloque o cristal no ponto Norte do altar.

Abra os olhos para selecionar ao acaso a carta de ouros que mais se ajusta ao cristal. Ela traz uma mensagem do seu corpo que é significativa e estabilizadora para você. Registre suas percepções.

Cartas da Corte – Ritual da Personalidade

Selecione todas as cartas da corte (Valetes, Cavaleiros, Rainhas e Reis) do baralho, independentemente do naipe. Embaralhe-as juntas. Coloque-as viradas para baixo em um círculo ao seu redor ou em uma superfície ao seu alcance. Você escolherá uma dessas cartas após a visualização de diferentes grupos de visitantes.

Cenário

Imagine que você está em um anfiteatro ou em um parque vazio.

Sente-se em silêncio e feche os olhos. O primeiro grupo de pessoas a visualizar são aquelas que tiveram forte influência sobre você, estejam vivas ou já falecidas. Recordando uma memória sua, esses indivíduos começam a formar um círculo ao seu redor. Permita que todos que vierem à sua mente se apresentem. Alguém tem alguma mensagem para você? Ouça com atenção as mensagens que você mais precisa ouvir neste momento. Quando terminar, agradeça-os antes que partam.

Delicadamente, ajuste suas percepções para as pessoas que você influenciou. Visualize sua vida em capítulos. Quem se destaca nesses momentos específicos? Não se surpreenda se houver pessoas que você não reconhece. Receba suas bênçãos. Agradeça-lhes ao partirem.

Em seguida, convide todos os aspectos que representam os diversos papéis que você desempenha em sua vida. Estes incluem papéis como filha/filho, pai/mãe, irmão/irmã, trabalhador, cidadão, amante, peregrino etc. Mantenha-se desapegado de como eles podem se apresentar. Visualize também os aspectos dos seus "eus" anteriores. Há algum papel ou aspecto que se destaca entre os demais? Se houver, absorva sua mensagem com cuidado. Agradeça a essas partes de você ao partirem.

O último grupo a ser visualizado são as dezesseis figuras da corte. Elas entram em sua visão de acordo com sua posição na hierarquia. Os Valetes entram primeiro como jovens aprendizes. Os cavaleiros se posicionam para fazer a guarda. As rainhas entram com presença e poder. Os reis são os últimos a entrar no círculo, ficando perto de suas rainhas. Você se identifica com algum deles? Há alguma mensagem a ser ouvida, caso algum se destaque? Você tem curiosidade em relação a algum em particular? Agradeça-lhes ao partirem.

Considere esses quatro grupos de personalidades: aqueles com grande influência em sua vida, aqueles que você influenciou, os papéis que você desempenha em sua vida e as próprias cartas da corte. Usando o Poder do Faz de Conta, imagine convidar a personalidade que representa seu crescimento atual mais significativo. Não tenha expectativas sobre quem você encontrará. Permita que um diálogo se desenvolva entre vocês.

Abra os olhos. Selecione a carta, entre as cartas da corte, que você sente que se assemelha ao aspecto da personalidade que surgiu. Coloque-a à direita do centro do altar.

Arcanos Maiores – Ritual do Sagrado Criativo

Tenha por perto uma lista dos arcanos maiores para ler em voz alta. Separe todos os arcanos maiores e embaralhe-os. Coloque-os virados para baixo em um círculo ao seu redor ou em uma superfície ao seu alcance.

Cenário

Imagine uma estrutura semelhante a um templo ou um labirinto com um altar próximo. Sente-se em silêncio e feche os olhos. Visualize-se em um grande espaço ao ar livre, seja real, seja imaginário. Fique em pé, se puder, e sinta o céu com seu sol quente ou lua e estrelas brilhando.

Um feixe de luz entra pelo topo da sua cabeça. A luz desce pela sua coluna e se irradia por todo o seu corpo. Ela transborda do seu corpo e preenche todo o espaço ao seu redor. Você está imerso em luz.

Leia a lista dos arcanos maiores devagar em voz alta. Um por um, os arcanos maiores se reúnem em um círculo ao seu redor. Eles podem aparecer como suas representações nas cartas, como uma cor, luz ou como um animal específico ou representação simbólica. Tome consciência de como a energia muda com cada chegada. Todos esses são aspectos amorosos do Sagrado Criativo.

Abra-se para as atuais encruzilhadas em sua vida. Como você caracterizaria seus temas recentes ou seu estado de ser? Qual arcano maior lança uma luz necessária? O que é preciso aprender ou assimilar?

À medida que você direcionar seu foco para as questões que necessitam de orientação, um arcano maior se manifestará, dando um passo à frente. Os outros desaparecerão.

Aproveite a presença desse arcano maior. Mantenha-se aberto a qualquer mensagem ou diálogo. Abra os olhos e selecione ao acaso a carta que parece ter a mesma essência desse arcano maior. Coloque-a à esquerda do centro do seu altar.

Para aqueles que são novos no tarô, parabéns! Você acaba de escolher as cartas para sua primeira tiragem. A tiragem da Essência forma um poderoso inventário da sua integração atual dos elementos e do espírito. Essa tiragem serve como um útil botão de reiniciar.

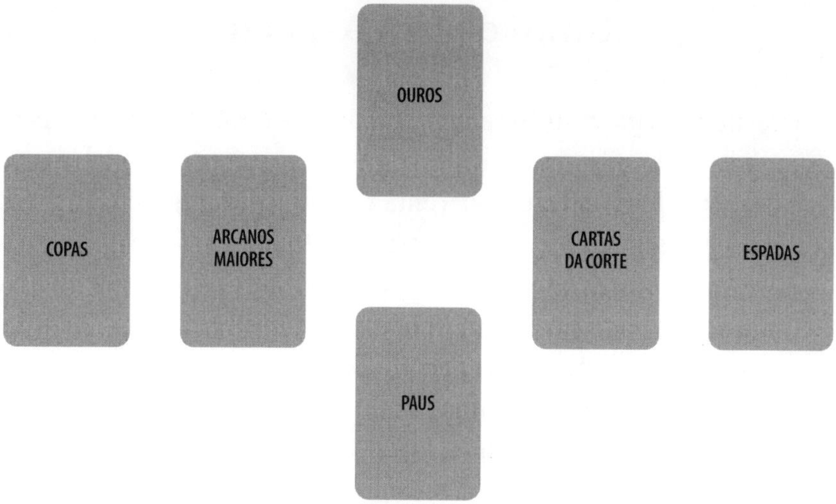

Tiragem da Essência

Tiragem da Essência

A tiragem da Essência é a culminação das cartas colocadas em seu altar durante os rituais dos naipes anteriores. As cartas escolhidas estão viradas para cima. Aborde a leitura como se você fosse uma Sacerdotisa – curiosa, habilidosa e aberta às mensagens sem julgamentos. Reserve um tempo para considerar a mensagem de cada carta separada e a do conjunto como um todo. Quais são seus pontos fortes? O que parece estar em desequilíbrio? Coloque a data e registre suas descobertas e se a comunicação divina foi totalmente compreendida ou sentida nesse momento. Essas mensagens com certeza podem se tornar cristalinas mais adiante.

Os rituais dos elementos e a tiragem da Essência facilitam o aprendizado da linguagem do tarô de uma maneira visceral que envolve todos os sentidos. Existem muitos tipos de conhecimento, como lógica, sabedoria e sensações físicas. Vale a pena desenvolver todos eles, sobretudo quando em sintonia uns com os outros.

Ritual de Um Aspecto

Outra cerimônia que culmina em uma tiragem é o Ritual de Um Aspecto. Recomenda-se definir um limite de tempo para evitar pensar demais. A primeira parte dura cerca de quarenta minutos. Em seguida, a tiragem precisará ser observada de forma intermitente por cerca de duas horas.

Tire cinco minutos para listar quaisquer aspectos de sua vida que têm demandado foco ou energia considerável ultimamente. Reduza a lista a um item para obter mais percepções ou ações.

Dê a si mesmo dez minutos para declarar uma intenção forte em relação a esse aspecto específico. Saiba quais percepções ou respostas fariam a diferença. Exemplos:

Desejo liberar qualquer crença de que não há tempo, dinheiro, amor etc. o suficiente.

Quero ser bem-amado e de forma recíproca por um parceiro.

Peço orientações para parar com comportamentos de autossabotagem.

Programe o *timer* para dez minutos. Em vez de escolher uma carta aleatória, olhe as imagens de todas as cartas do baralho. Escolha todas as cartas que provoquem uma reação forte ou tenham algum tipo de efeito sobre você, incluindo respostas desejadas, pensamentos, sentimentos e medos mais profundos relacionados à intenção. Separe o monte de cartas que tenham pouco ou nenhum impacto.

Programe o *timer* para mais dez minutos e analise com atenção as cartas escolhidas. Selecione apenas aquelas que você sente que são essenciais para um novo entendimento. Permita que o Sagrado Criativo guie essa escolha. Faça de conta que um Aliado Divino ou um antigo professor está literalmente direcionando sua seleção.

Agora, programe o *timer* para cinco minutos. Disponha as cartas restantes em um padrão agradável e na sequência de sua preferência. Pode ser uma linha longa ou um círculo com uma carta no centro, se nada mais vier à mente. Essas cartas se combinam formando a resposta do Sagrado Criativo à sua intenção. Seja criativo, mas mantenha a simplicidade. Agora é hora de deixar isso repousar. Não tente interpretar nada nesse momento, nem mesmo pensar no ritual durante as próximas horas (ou até durante a noite).

Quando estiver pronto, volte à leitura. Registre todas as impressões e perspectivas iniciais. Resista à tentação de procurar definições de outras pessoas. Permita que as imagens falem diretamente ao seu coração. Sente-se em silêncio e deixe a informação fluir. Não se apegue a nada. Permaneça envolvido e aberto. Deixe que as mensagens surjam livremente, sem tentar fazer com que façam sentido. Às vezes, uma leitura funciona muito como um sonho: pode não fazer sentido, mas há uma forte narrativa que sentimos. Qual é a resposta do Sagrado Criativo à sua intenção?

Ritual da Carta do Dia (CDD)

Outro ritual que você pode usar é bastante popular entre os praticantes de tarô. É o Ritual da Carta do Dia, comumente conhecido como CDD.

A magia é tão benéfica quanto a intenção por trás dela, então estabeleça uma intenção geral para usar nesse ritual todos os dias. Minha intenção – "Como eu servirei ao amor hoje?" – é bastante eficaz. Esse ritual pode facilmente se transformar em uma prática espiritual.

Embaralhe todas as cartas enquanto pensa na sua intenção e escolha uma carta aleatória. Pense nessa carta de vez em quando ao longo do dia.

A percepção é a realidade. Confiar na sua própria percepção é um grande passo para encontrar sua linguagem do tarô. Se você é novo no tarô, evite ler definições até a noite. Antes de consultar as "autoridades", preste atenção em onde e como a mensagem dessa carta surgiu durante o dia. Por exemplo, digamos que a carta Oito de Paus foi escolhida. Ela lhe deu uma sensação de empolgação e movimento rápido. Você recebe um e-mail informando que sua proposta de publicação foi aceita. Registre todos os destaques antes de ler qualquer definição.

Considere anotar seus eventos ou experiências significativas no livro de definições do baralho, assim como no seu próprio diário. Com o tempo, será possível ver um padrão associado a cartas específicas. Um título simples e a data mostrarão camadas de certas cartas ao longo dos anos. Pensar e perceber detalhes profundos no tarô é a base para construir uma linguagem orgânica ao longo do tempo.

Com o uso diário, a mesma carta pode surgir repetidas vezes. Isso é um aviso do Sagrado Criativo para aprofundar-se. Essa carta com certeza seria uma boa candidata para outra rodada do Ritual para Entrar na Carta (p. 46). As novas percepções obtidas podem revelar alguns segredos, mas o ritual seguinte o ajudará a mergulhar mais fundo em uma carta que parece estar chamando toda a sua atenção.

Ritual da Repetição

Quando uma carta específica aparece vez após outra, o Ritual da Repetição o ajudará a encontrar a mensagem específica que essa carta tem para você. Sua constante aparição exige uma introspecção mais profunda.

Por exemplo, digamos que você continue a tirar o Cinco de Paus. Olhe mais de perto para essa carta insistente. Liste todos os aspectos que você vê na imagem. Onde você sente uma grande carga? É útil dividir a imagem da carta em unidades menores. Não há uma maneira certa ou errada de fazer isso.

Embaralhe e escolha uma carta para representar cada um dos aspectos da carta. No caso do Cinco de Paus, talvez você tire cinco cartas para simbolizar cada um dos cinco bastões.

Escreva a primeira palavra ou frase que vem à mente ao olhar para essas cartas. A partir dessa lista escrita, para cada ideia, crie uma etapa de ação que possa ser cumprida.

Os significados tradicionais do Cinco de Paus – conflito, dificuldades e competição – são definições válidas, mas a mensagem geral pode não ser profunda o suficiente se a carta continuar reaparecendo.

CINCO DE PAUS	CARTAS DE TARÔ ESCOLHIDAS	RESPOSTAS	ETAPAS DE AÇÃO
Primeiro bastão	Valete de Copas	A escolha de faculdade do meu filho	Encontrar um bom orientador de carreira
Segundo bastão	Dois de Ouros	Acumulando muitas responsabilidades	Criar um sistema melhor de tarefas
Terceiro bastão	O Carro	Precisando de pneus da frente novos	Comprá-los
Quarto bastão	Rei de Ouros	Precisando de um contador	Perguntar à minha amiga quem a atende
Quinto bastão	A Lua	Insônia	Sem telas depois das 21h

As etapas de ação do Cinco de Paus formam uma estratégia que vai além dos significados tradicionais. O resultado é uma mensagem personalizada com soluções.

Até este ponto do livro, a suposição é de que as imagens das cartas são visualizadas em suas posições corretas. No entanto, é escolha do leitor também ler as cartas em posição invertida – ou seja, com as imagens de cabeça para baixo. Alguns tarólogos nunca fazem isso. Iniciantes no tarô podem optar por não usar as inversões, já que já há informações suficientes fluindo sem a necessidade dessa pressão adicional. No entanto, leitores experientes podem perder sutilezas significativas se negarem essa camada adicional de percepção. As inversões podem indicar uma grande reinterpretação da carta, como seu significado oposto, ou indicar que algo está ausente. Pode significar uma sutileza, como algo que você entende, mas os outros não. Um exemplo: o Três de Espadas na posição correta pode significar tristeza profunda ou depressão. Invertida, pode significar que a cura começou ou que uma nova fase começou. Optar por ler ou não as cartas invertidas é uma das muitas escolhas que se deve fazer como tarólogo.

Três de Espadas

Das suas várias preferências de leitura, como ler inversões ou pedir que o consulente embaralhe as cartas, o essencial da leitura é a forma como você dispõe as cartas para interpretação. As tiragens são de fato a estrutura das cartas. Cada posição em uma tiragem pode ser definida; por exemplo, em uma tiragem de três cartas, poderíamos definir as três cartas como Corpo, Mente e Espírito. Outra opção é ler as cartas dentro de uma tiragem de forma livre, semelhante à leitura de um livro, permitindo que uma carta leve à próxima. Tiragens narrativas são estruturas abertas que podem ser usadas de qualquer uma das maneiras.

Tiragens de Narrativas

Os tarólogos iniciantes podem preferir usar tiragens simples que proporcionem um fluxo intuitivo. Como se estivesse lendo um livro ilustrado, siga o significado de uma imagem para a próxima. Permita-se imaginar uma história se desenrolando, em vez de conectar os pontos de maneira lógica.

Tiragem de Três Cartas

Essa tiragem fornece uma resposta na forma de uma história. Você pode ler as cartas usando essa tiragem definindo as posições para cada carta ou baseando-se em um fluxo de consciência. As três cartas têm uma variedade de possíveis atribuições para as posições, como corpo-mente--espírito, você-eu-nós, ou passado-presente-futuro, para citar algumas.

Três de Três Cartas

Tiragem dos Caminhos

Este é um fluxo orgânico de três a sete cartas. É bem adequado para qualquer pergunta em que uma escolha deve ser feita, como "Devo fazer isso ou aquilo?". A tiragem do Caminho permite explorar ambas as opções. Escolha de três a sete cartas para cada caminho, dispostas da esquerda para a direita, já que cada caminho representa uma opção. Isso fornecerá percepções e possíveis resultados daquela escolha específica. Obter *insights* sobre cada opção ajudará o consulente a ser proativo. Os diferentes caminhos delineiam as maneiras prováveis pelas quais cada escolha seria vivenciada.

Caminho A:

Caminho B:

Tiragem dos Caminhos

Tiragem do Círculo

A primeira carta no centro representa o consulente ou a pergunta. As cartas que formam um círculo ao redor da carta central são as várias influências ou perspectivas a considerar. Como em qualquer uma das tiragens de narrativas, uma carta pode agir como um agente livre ou ser definida por uma posição predeterminada.

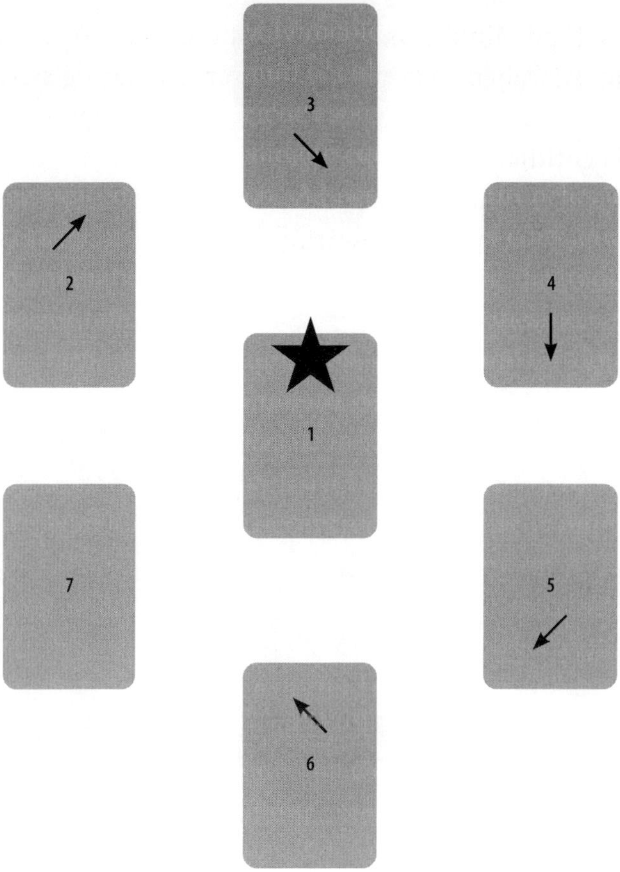

Tiragem do Círculo

Tiragem de Cinco Cartas

A Tiragem de Cinco Cartas não só é boa para obter *insights* sobre uma pergunta ou aspecto específico, mas também pode servir como uma visão geral magnífica para a grande pergunta: "O que eu preciso saber?". Escolha cinco cartas e coloque-as viradas para baixo. Vire-as e coloque qualquer arcano maior na linha superior e qualquer arcano menor na segunda linha. Os arcanos maiores não só são grandes influências, mas também servem como reservatórios de suas essências. Os arcanos menores mostram como esses arcanos maiores se manifestam na vida cotidiana.

Se não houver arcanos maiores, as soluções e dinâmicas da vida cotidiana são tudo o que é necessário.

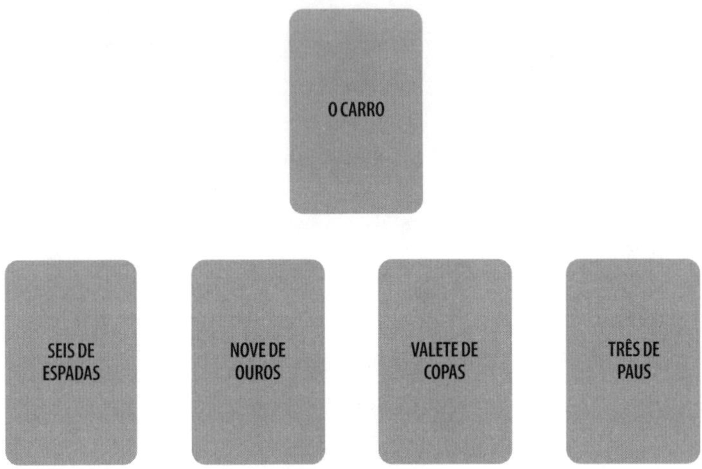

Tiragem de Cinco Cartas

Por exemplo, as cinco cartas escolhidas são o Seis de Espadas, o Nove de Ouros, o Carro, o Valete de Copas e o Três de Paus. Coloque o Carro na linha superior com as outras na linha inferior. O Carro é uma influência poderosa que oferece recursos de viagem, impulso, alinhamento da vontade e motivação. O Seis de Espadas fala sobre a transição de tempos turbulentos para momentos tranquilos. O Nove de Ouros retrata um senso de propósito e conexão com seu entorno e trabalho. O Valete de Copas mostra uma oportunidade para uma nova visão. O Três de Paus é uma imagem que pode retratar a espera por manifestações desejadas. O Carro atua como um motor nesse contexto, mantendo o foco da pessoa no que precisa ser feito enquanto o progresso, o propósito, as oportunidades e a paciência se desenrolam na vida do consulente.

Resumo

Você é incentivado, como leitor, a criar sua própria compreensão do tarô por meio dos rituais de Unção do Baralho e Entrar na Carta. As várias famílias do tarô têm seus próprios rituais, que podem culminar na tiragem da Essência ou serem realizados sozinhos. Explorar como as cartas podem refletir sua vida por meio do ritual de Um Aspecto e do ritual da Carta do Dia cria confiança em suas próprias percepções. O Ritual da Repetição é uma análise criativa para uma carta recorrente ou desafiadora. Por fim, com as tiragens de narrativas, abordamos o uso de inversões e a leitura de cartas em tiragens orgânicas, em vez de tiragens com posições/significados definidos.

Capítulo Quatro

OS ARCANOS MAIORES

Exploramos várias maneiras de perceber a magia combinando rituais e tarô. Espero que você esteja se permitindo seguir sua curiosidade e imaginação. Agora, vamos entrar na grande magia dos arcanos maiores.

Os arcanos maiores são 22 portais para outras dimensões de *insights*, poder e beleza. Este capítulo foca em cada um desses grandes influenciadores. Mude, altere as sugestões e acrescente a elas de acordo com suas inclinações.

O tarô oferece uma linha direta para o nosso Sagrado Criativo. Essa linha varia para cada praticante. Para alguns, é uma forma de deixar a sabedoria fluir de maneira mais eficaz, contornando o medo e o ego. Para outros, é uma conexão com uma fonte maior de amor para uma visão mais ampla e clara. Independentemente de como você usa as cartas, confie em suas percepções sobre a energia que percorre as imagens.

Já exploramos a natureza elementar dos arcanos menores: o Fogo, a Terra, a Água e o Ar, vistos como elementos constituintes da vida. Os arcanos maiores, por outro lado, são diferentes faces do Sagrado Criativo e encruzilhadas de mudanças. Eles representam potenciais e realidades a serem navegados nesta vida. O amor eterno flui através de cada uma dessas mudanças espirituais fundamentais.

Antes de mergulhar no plano dos arcanos maiores, faça o Ritual para Entrar na Carta (p. 46) para descobrir a essência de cada um deles.

Isso ajuda a desenvolver uma compreensão pessoal dessas cartas, sobretudo se você for novo no tarô.

22 Atos de Magia

Os 22 Atos de Magia exploram a magia de cada um dos arcanos maiores. Esse modelo nos ajuda a atravessar cada portal por completo. Lembre-se de que são sugestões e não uma explicação definitiva dos arcanos maiores. Há cinco componentes: o portal, a sombra, três modos de trazer à tona uma verdadeira intenção, a elaboração da intenção e o ritual. Dependendo do seu foco e necessidade, parte desse trabalho pode ocorrer ao longo de algumas semanas ou meses. A intenção é fundamental para a alquimia desejada. Vale notar que o pronome "ele" será usado nas jornadas guiadas de forma neutra, não demarcando designações de gênero específicas. Os cinco aspectos do modelo são:

1) O Portal

Palavras-chave e descrições são fornecidas para cada um dos arcanos maiores. Esses descritores, espera-se, lhe darão uma forte percepção de cada uma de suas influências mágicas.

2) A Sombra

Questões, fraquezas e sintomas são listados para revelar se você está experimentando os arcanos maiores em seu poder invertido.

3) Preparação para o Ritual

Toda boa magia é criada com intenção. Leia todas as sugestões e selecione aquelas que despertam sua curiosidade. Suas próprias sensações corporais, sugestões de escrita e uma visualização guiada são as três maneiras criativas de trazer à tona uma intenção necessária. Por exemplo, ao escolher o arcano maior A Imperatriz, você se torna consciente do belo cabelo da Imperatriz. Você começa a se concentrar em seus sentimentos e pensamentos sobre sua própria beleza. Você decide escolher a sugestão de escrita sobre um momento em que se sentiu bonito e interligado. A jornada realmente o coloca em contato com uma beleza interior. Você cria uma intenção para refletir a beleza do amor, tanto no âmbito interno quanto externo.

A) Encontrando a Intenção – Sabedoria do Corpo

As sugestões físicas listadas para a incorporação podem revelar a sabedoria do seu corpo necessária para uma intenção poderosa. Não subestime a capacidade do seu corpo de abrir novas portas de percepção. Percepções como imagens, mensagens ou sensações reunidas como respostas do seu corpo podem ser especialmente poderosas para leitores com limitações físicas.

B) Encontrando a Intenção – Sugestões de Escrita

As perguntas e sugestões de escrita podem revelar uma necessidade oculta ou negligenciada imprescindível para uma magia eficaz. Deixe sua curiosidade guiar a escolha. Um limite de vinte minutos evitará o excesso de reflexão. Recomenda-se tirar cartas de forma aleatória em todas as sugestões de escrita. Preste atenção especial sempre que o próprio arcano maior específico aparecer como uma carta. A sincronicidade sempre tem muito a dizer quando o assunto é o mistério.

C) Encontrando a Intenção – Jornada

Uma visualização guiada é uma caminhada verbal através desse arcano maior. Gravar a jornada com antecedência seria benéfico. O asterisco (símbolo *) denota uma pausa de três segundos (um crocodilo, dois crocodilos, três crocodilos). Reserve algum tempo após a visualização para refletir sobre as várias sensações e ideias que surgiram.

4) Intenção

A intenção que surgiu na fase de preparação deve ilustrar claramente sua manifestação desejada. Qualquer gatilho, desconforto ou inspiração recebidos durante a fase de preparação são pistas sobre o que é necessário a partir do portal daquele arcano maior específico. Serão dadas sugestões para ajudar a elaborar a intenção caso a sabedoria do corpo, as sugestões de escrita e a jornada não tenham revelado nada significativo.

5) Sugestão de Ritual

Uma vez que você tenha uma intenção clara, está pronto para o ritual. O Ritual de Invocação do Círculo (p. 37) com frequência será a estrutura sugerida. Todas as variações, como seleções de tarô, ambiente e momento, melhorarão sua experiência de entrar no portal. O objetivo é se abrir para o Sagrado Criativo em busca de novas percepções e realidades. Que todas as sugestões inspirem suas próprias ideias.

Vamos começar!

Ritual do Louco

O Portal do Louco

Sem forma ou identidade
Seguir os próprios instintos
Entrar em uma nova fase ou território
Ser ativamente guiado pelo espírito

A Sombra do Louco

Permitir que outros determinem a direção da sua vida
Passar a maior parte do tempo estressado ou se estressar com facilidade
Impulsividade levando a escolhas ruins
A vida parece mecânica

A Preparação do Louco para o Ritual

Encontrando a Intenção – Sabedoria do Corpo

Brinque com qualquer atividade física que altere a gravidade, por exemplo, nadar, flutuar, pular ou ficar de cabeça para baixo.

Enquanto se move em um espaço aberto, conduza-se a partir do centro do coração.

Alongue a parte superior do corpo.

Receba uma massagem ou outro tipo de trabalho corporal que faça você se sentir feliz por estar novamente em sua pele.

Pergunte ao seu corpo como ele quer se mover.

Encontrando a Intenção – Sugestões de Escrita

Escolha, de forma aleatória, cinco a sete cartas de tarô para colocar em um círculo (representando o status numérico do Louco, zero) para obter percepções a respeito do que você precisa aprender com o Louco. Escreva sobre cada mensagem com novos olhos. Não entre em histórias antigas.

Descubra o que surge com este conjunto de frases declarativas:

"Eu não sei."

"Eu não sei quem sou."

"Eu realmente não sei o que está acontecendo."

Como o Sagrado Criativo está me chamando?

O que vale o risco?

Encontrando a Intenção – Jornada

"Caminho com um companheiro animal. Ele me alertará para qualquer perigo. Sinto-me atraído para a frente como se alguém estivesse me chamando. * As pressões do mundo caem a cada passo que dou. Estou livre do tempo linear e das preocupações. * O caminho leva a um penhasco com vista para todo um panorama. Eu fico parado e olho adiante. O sentimento de gratidão surge dentro de mim. * Minha alma quer este corpo, esta vida, as habilidades e dons que me foram dados. * Estou livre de todos os padrões e crenças. Nenhuma história me define enquanto sigo meu coração. * Carrego uma bolsa com as quatro ferramentas da alma: a espada, o bastão, o cálice e o pentáculo. * Vou em direção ao Sagrado Criativo, que me chama para o céu das possibilidades."

A Intenção do Louco

O que surgiu como um tema ou necessidade principal em relação ao Louco? Que tipo de cura pode ser necessária? Reserve algum tempo para elaborar uma declaração sucinta. Por exemplo: "Sigo uma vida guiada pelo espírito para mim e para os outros".

Sugestão de Ritual do Louco

Crie uma sensação de risco e/ou abertura para este ritual. Vá a algum parque ou a um lugar com uma paisagem familiar levando uma versão escrita da intenção. Comece com o Ritual de Aterramento (p. 31) ou apenas invoque luz através do topo da sua cabeça. Siga sua curiosidade por uma hora. Vá aonde se sentir direcionado a ir. Observe todas as sincronicidades, como o que você ouve os outros dizerem, a natureza etc. Quando sentir que é o momento certo, leia sua intenção em voz alta. Mantenha-se envolvido com o mundo natural e com os outros. Retorne ao local original de ancoragem. Agradeça a todas as presenças que enviaram mensagens, visíveis e invisíveis.

Transforme as mensagens recebidas em mensagens de qualidade mítica em um momento posterior. Por exemplo, digamos que ouviu uma pessoa tendo uma conversa profunda ao telefone, à sua frente. O tom parecia intenso e brusco. Um esquilo apareceu de repente na frente dela, o que a fez rir alto. A conversa depois parecia mais leve. A mensagem mítica poderia ser: "À medida que sou guiado pelo espírito, interrupções podem me levar a um deleite necessário".

Ritual do Mago

O Portal do Mago

Manifestar seu verdadeiro desejo
Canalizar a energia divina
Criatividade
Confiar na própria magia

A Sombra do Mago

Incapacidade de realizar a atividade desejada
Falta de vontade
Confusão sobre o propósito
A vida é previsível e repetitiva

A Preparação do Mago

Encontrando a Intenção – Sabedoria do Corpo
Absorva energia do chão a cada inspiração.
Visualize a energia descendo através do topo da cabeça.
Explore formas, como tai chi ou Reiki, que veem o corpo como energia.
Pergunte ao seu corpo como ele percebe os quatro elementos: Terra, Ar, Água e Fogo.

Encontrando a Intenção – Sugestões de Escrita
Qual é o seu ponto forte? E sua maior fraqueza?
O que precisa ser expresso através de mim?
Como eu canalizo o Sagrado Criativo?
Escolha uma carta para cada um dos quatro elementos da tiragem da Essência (p. 55). Descreva uma experiência transformadora com cada um dos quatro elementos.

Encontrando a Intenção – Jornada

"Árvores me mostram um caminho. Eu me aprofundo na floresta. * Enquanto caminho, estou ciente das árvores como irmãos e irmãs. * Vejo um altar em um círculo de árvores à frente. Este é meu altar para meus pedidos e consciência para servir ao amor. * À medida que me aproximo, vejo que todos os quatro elementos estão representados no altar. * Sou um mestre de cada um, o âmbito interno e externo. * Ar. * Fogo. * Água. * Terra. * Adoto uma postura para permitir que o poder da criatividade me preencha por completo. * Sou a ponte entre o céu e a terra. Eu me torno o pleno potencial de ser tanto espírito quanto humano.

A Intenção do Mago

Que parte da fase de preparação foi mais inspiradora? Suponha que você já seja um mago eficaz; o que você mudaria em sua vida? Essa manifestação desejada poderia ser sua intenção.

Sugestão de Ritual do Mago

De todos os arcanos maiores, o Mago é o único que usa um altar. Cada um dos quatro quadrantes pode ser seu próprio altar. Separe as cartas e coloque cada naipe em sua direção – Espadas no Leste, Paus no Sul, Copas no Oeste e Ouros no Norte. Inclua símbolos de cada elemento, como uma tigela de água no Oeste ou talvez uma pena no Leste.

Usando o Ritual de Invocação do Círculo (p. 37), recite sua intenção em voz alta em cada um dos quadrantes. Visualize o dom de cada ferramenta elementar na manifestação do seu desejo. Escolha uma carta ao acaso e coloque-a virada para cima sobre seu naipe correspondente. Depois que todos os quatro quadrantes forem abertos e uma carta de cada naipe específico for escolhida, vá para o centro. De novo, leia sua intenção em voz alta. Abra-se para uma espiral de luz prateada vinda do céu descendo pelo topo da sua cabeça, assim como uma espiral de luz verde que sobe pelos seus pés a partir da terra. Abençoe a intenção enquanto coloca ambas as mãos no coração. Permaneça em silêncio. Sinta a mudança das energias. As quatro cartas representam um guia para as ações energéticas ou percepções necessárias.

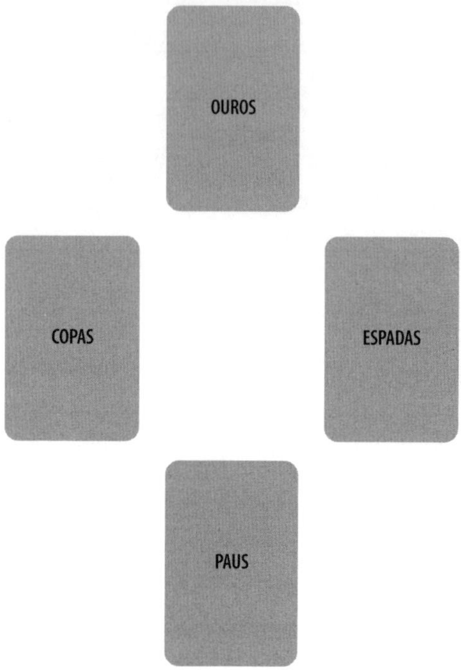

O Mago

Ritual da Sacerdotisa

O Portal da Sacerdotisa

Profecia
Testemunhar os segredos dos outros
Sabedoria
Preservar a memória da conexão com a fonte

A Sombra da Sacerdotisa

Responsável em excesso pelo bem-estar dos outros
Limites ineficazes
Sentir-se perdido na ilusão
Ouvir, mas não escutar as mensagens intuitivas

A Preparação da Sacerdotisa

Encontrando a Intenção – Sabedoria do Corpo

Sente-se, caminhe ou deite-se de maneira meditativa por pelo menos quinze minutos por dia.
Faça uma visualização para focar nos chakras.
Mova seu tronco, pernas e braços devagar e em ondas, como se estivesse no oceano até a altura das coxas.
Pergunte ao seu corpo como ele vivencia seu espírito.

Encontrando a Intenção – Sugestões de Escrita

Escolha duas cartas ao acaso. Uma representa a Sacerdotisa interior e a outra, o pergaminho, o mistério atual da sua vida. Anote todos os gatilhos e memórias que vierem à tona.
Imagine os melhores estudos que você fez em uma vida passada para ser vidente.
O que o pergaminho diz sobre sua vida atual e para onde ela está sendo direcionada?
Descreva o mistério que você tem acompanhado.
Que segredo você guarda?

Encontrando a Intenção – Jornada

"De onde quer que eu esteja, sinto o cheiro salgado de um mar antigo. * Escolho uma direção para caminhar. Logo, avisto uma trilha. Ela leva a um deserto de areias brancas. * O que pensei que seria um grande corpo de água é uma simples e bela piscina. Parece me reconhecer e me acolher. * Paro e respiro. Um templo começa a aparecer devagar. * A princípio, me pergunto se estou imaginando tudo isso. Enquanto espero e observo, a forma do templo se solidifica. * Entro. Levo alguns minutos para me adaptar à escuridão. * Por fim, vejo um trono com dois pilares esguios de cada lado. Sinto-me convidado a sentar no trono. Sento-me. * À medida que foco no meu interior, tomo consciência de séculos de sabedoria fluindo do mar antigo que um dia cobriu este deserto. Suas energias sobem através do trono. * Sou capaz de lembrar deste planeta em seus primórdios. * Estou firme no momento presente. A paz me invade. * Recebo esse fluxo com todo o meu ser. Confio no que está além dos meus sentidos. Respiro fundo."

A Intenção da Sacerdotisa

A Sacerdotisa é amada pela maioria dos adeptos do tarô. No entanto, o caminho da Sacerdotisa é solitário. Tudo o que é necessário vem de dentro. Durante a preparação, em que momento você sentiu que estava no fluxo? Crie uma intenção que lhe dê confiança para conduzir sua vida como um pergaminho sagrado.

Sugestão de Ritual da Sacerdotisa

A lua nova é um ótimo momento para criar magia. Isso é verdadeiro sobretudo para a Sacerdotisa. Com a intenção claramente manifestada, escreva-a em um pergaminho e enrole-o. Aplique o Ritual de Invocação do Círculo (p. 37). Honre os quatro quadrantes e o centro com velas. Sente-se no centro com o pergaminho e as cartas de tarô. Esse é um momento ideal para iniciar um baralho novo ou não utilizado, cristais e outras instrumentos mágicos.

O ponto alto desse ritual é uma leitura de cinco cartas. Escolha cada carta em busca de uma resposta direta à sua intenção. Você pode interpretar as cartas da seguinte maneira:

1. ***Essência*:** Essa carta representa a essência da sua intenção.
2 e 3. ***Pilares*:** Essas duas cartas representam os dois pilares. São duas crenças que exercem influências poderosas sobre a intenção. Deixe de lado os julgamentos e observe o que está realmente sendo retratado.
4. ***Resistência*:** Essa carta mostra o que está impedindo a visão clara. De que maneira você é incapaz de acessar sua própria sabedoria sobre essa intenção? O que é preciso para estar totalmente presente?
5. ***Mistério*:** A última carta representa o mistério da sua intenção. Receba-o. Sonhe com essa carta. Deixe que suas percepções se revelem aos poucos. Considere criar um altar da sacerdotisa que exiba apenas essa carta até o próximo ciclo lunar.

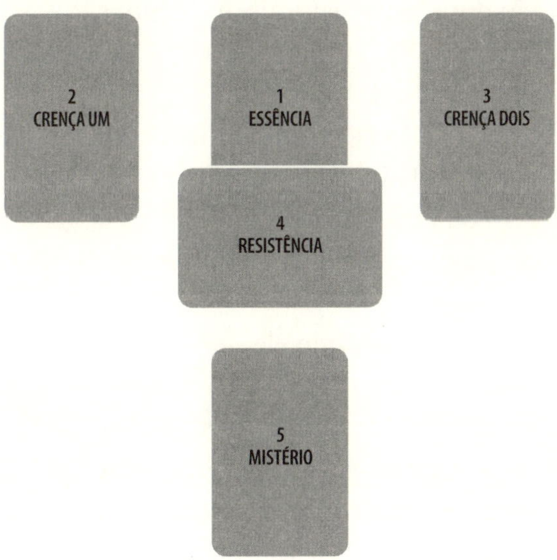

A Sacerdotisa

Ritual da Imperatriz

O Portal da Imperatriz

Abundância
Criações em gestação
Mãe Natureza
Amor incondicional

A Sombra da Imperatriz

Rejeição de sentimentos profundos
Reatividade em vez de responsividade
Descuido consigo mesmo
Desconexão dos ritmos naturais do corpo

A Preparação da Imperatriz

Encontrando a Intenção – Sabedoria do Corpo

Foque no autocuidado, como um banho de imersão, uma sessão de massagem ou uma pedicure.
Pare um pouco e faça um alongamento.
Mude o seu cabelo.
Pergunte ao seu corpo como ele sente suas energias femininas.

Encontrando a Intenção – Sugestões de Escrita

Tire três cartas de tarô para uma nova vida, projeto ou ideia. Não seja racional ao escrever sobre o que surgir.
Descreva como seu próprio caminho tem sido diferente e semelhante em relação ao de sua mãe.
Escreva sobre um momento em que você se sentiu belo e conectado.
Quais projetos criativos estão esperando para nascer?
Quem foi um bom mentor para você?

Encontrando a Intenção – Jornada

"Vou para um espaço aberto em uma paisagem que amo. * Não há mais ninguém aqui, exceto os animais. Sinto-me conectado e amado. * Acima de mim estão o Sol ou a Lua e as estrelas. Uma luz ilumina todo o meu ser. Eu me conecto com a terra. * Sou parte da natureza. Sinto todo o clima dentro de mim: a chuva, o relâmpago e a neve. * Dentro do meu ser, há universos esperando para nascer. Sinto sua vitalidade com graça. * Sou amado. Eu amo."

A Intenção da Imperatriz

Baseie sua intenção no desejo do seu coração. Ao escutar sua verdadeira natureza, o que mais beneficiaria sua vida? O que é necessário para esse ciclo atual?

Sugestão de Ritual da Imperatriz

Planeje passar um tempo ao ar livre ou, pelo menos, afastado da sua vida cotidiana para esse ritual. Uma vez lá, pegue suas cartas e saia para a natureza. Em silêncio, mantenha sua intenção com leveza, como se estivesse deixando-a respirar. Pare quando sentir o local perfeito. Fale sua intenção em voz alta três vezes. Tire três cartas como respostas. Mantenha-se atenta a quaisquer mensagens vindas da natureza ao seu redor. Olhe devagar para cada carta. Sinta as raízes sob os seus pés se agitarem. Veja a intenção mudar com cada uma das três respostas. Deixe algo como um presente nesse local antes de agradecer a qualquer presença amorosa que tenha contribuído.

A Imperatriz

Ritual do Imperador

O Portal do Imperador

Estrutura
Regras da sociedade
Estratégia eficaz
Assumir seu verdadeiro poder

A Sombra do Imperador

Alta desorganização
Liderança ineficaz
Dificuldade para delegar
Fuga das responsabilidades

A Preparação do Imperador

Encontrando a Intenção – Sabedoria do Corpo

Fortaleça sua vitalidade e resistência fazendo musculação, subindo escadas, usando uma máquina elíptica regularmente ou outro exercício de fortalecimento à sua escolha. É aconselhável consultar um médico antes de iniciar um programa de exercícios. Faça exercícios simples para fortalecer a região central do corpo todos os dias.
Pergunte ao seu corpo como ele experimenta suas energias masculinas.

Encontrando a Intenção – Sugestões de Escrita

Escolha quatro cartas. Escreva sobre a estratégia que você tem para a vida daqui para a frente, implementando as mensagens dessas cartas.
Qual seria uma estratégia de longo prazo para sua vida?
Defina seu poder pessoal atual.
Descreva como seu próprio caminho tem sido diferente e semelhante ao de seu pai.
Em que momentos você se sente poderoso?

Encontrando a Intenção – Jornada

"Vejo uma montanha diante de mim. À medida que olho mais de perto, vejo muitos degraus de pedra. * Começo a subir. * No caminho, vejo pequenos e complexos santuários. * Começo a sentir o esforço da subida. Meu coração está batendo mais rápido. Gosto de sentir o poder em meus membros. * A vista, às vezes, me deixa sem fôlego. Acabo alcançando as copas das árvores. Sinto um zumbido baixo vindo da própria montanha. * Quando estou prestes a desistir devido ao esforço, entro num santuário mais grandioso do que qualquer um que tenha visto ao longo do caminho. O ar está cheio de eletricidade. Há um grande trono. * Quero me sentar nesse trono. Ao me sentar, sinto o fluxo do meu pleno poder. Leva um tempo para me ajustar a essa mudança. Estou vivo e tenho clareza. * Posso ver minha vida fluindo com poder a partir desta vista."

A Intenção do Imperador

Preste muita atenção nas mensagens sobre poder. A intenção pode ser baseada em clareza, estratégia ou assumir sua plena autoridade.

Sugestão de Ritual do Imperador

Crie um ritual como se a intenção já tivesse sido totalmente manifestada. Em vez de uma jornada até o topo da montanha, aja como se você estivesse olhando de volta para o ponto de partida. Imagine isso a partir desse ângulo de realização. Faça a Invocação do Círculo (p. 37) para abrir os quadrantes. Estabeleça-se no centro e imagine estar no pleno poder da intenção. Leia-a em voz alta. Canalize essa intenção como seu eu futuro. Escolha de forma consciente duas ou três cartas como lembretes dessa mensagem. Use as cartas como elementos para construir a intenção desejada.

O Imperador

Ritual do Hierofante

O Portal do Hierofante

Linhagem
Professor
Rituais
Modelos sagrados

A Sombra do Hierofante

Extravagância Excessiva
Desconexão da fonte
A vida parece sem sentido
Ausência de qualquer prática espiritual

A Preparação do Hierofante

Encontrando a Intenção – Sabedoria do Corpo

Explore uma prática que tenha uma linhagem antiga e sólida, como tai chi, yoga ou dança do ventre.

Faça uma sequência de movimentos projetados para liberar o estresse, como os Seis Sons de Cura do Taoísmo, para começar ou terminar o dia.

Pergunte ao seu corpo quais gestos ele considera poderosos.

Encontrando a Intenção – Sugestões de Escrita

Escolha cinco cartas. Com base nessas cartas, construa uma história sobre sua evolução espiritual.

A quem você serve?

Como você se conecta com a energia sagrada regularmente?

Quais tradições da infância o nutriram? Ou o prejudicaram?

Quem ou o que é sagrado?

Encontrando a Intenção – Jornada

"Em pé, sou envolvido aos poucos por uma névoa. Ela é quente e tem um leve cheiro de incenso. * Me cobre por completo até que não consigo mais ver nada. * Estou sendo movido dentro dessa névoa. A certa altura, sinto que pousei e a névoa vai descendo devagar ao redor dos meus pés. Fui transportado para uma outra vida sob um grande mestre espiritual. * Lembro-me de ter vivido aqui de uma forma decidida e simples. Sabia o que era esperado de mim. Sabia a quem e a que servia com toda a minha vida. * Vou para uma cena de uma comunidade amorosa. * O mestre percebe a minha presença! * Ele me pergunta como tenho crescido desde que estivemos juntos. * Comunicamo-nos em muitos níveis. * Ele abençoa meus esforços atuais para trazer à tona lições cruciais valiosas. * Retorno à minha vida atual me sentindo visto, apoiado e sagrado."

A Intenção do Hierofante

Observe qualquer coisa que o tenha surpreendido durante a fase de preparação. De todos os arcanos maiores, a intenção do Hierofante pode ser a de uma vida guiada pelo espírito, uma prática espiritual ou técnicas eficazes.

Sugestão de Ritual do Hierofante

Esse ritual é eficaz com todos os acessórios, sons e incensos. Liste qualquer aspecto religioso ou espiritual da sua experiência que tenha alimentado sua alma, como as músicas, os vitrais coloridos, os cânticos ou orações. Escolha alguns para honrar o Hierofante interior. Com essas preferências, aprimore o Ritual de Invocação do Círculo (p. 37). Crie um espaço sagrado com uma mesa de altar central. Represente todos os elementos por velas de cores específicas: Leste-amarelo, Sul-vermelho, Oeste-azul, Norte-verde e centro-branco. Planeje os gestos e a trilha sonora para aprimorar a intenção. Permita que o ponto alto da cerimônia seja a respiração ou meditação em silêncio. Receba as mensagens, percepções ou energias da sua intenção. Peça uma bênção de cada um dos quadrantes ao se voltar para cada direção e escolher uma carta de tarô.

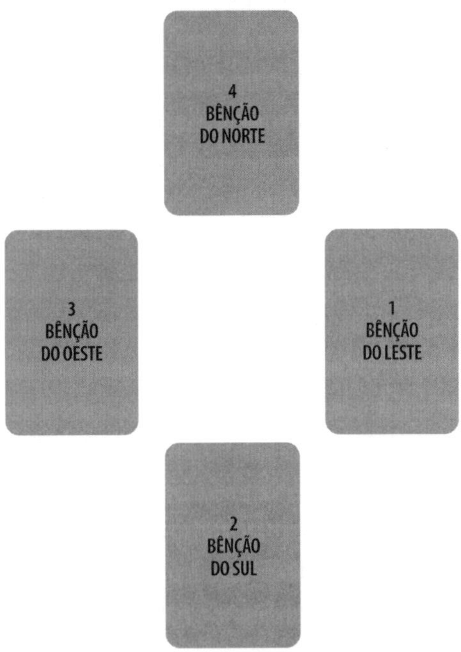

O Hierofante

Ritual dos Enamorados

O Portal dos Enamorados

Fazer escolhas autênticas
Colaboração
Diálogo do coração e da mente
Integração da masculinidade e feminilidade

A Sombra dos Enamorados

Atrai relacionamentos tóxicos
Sobrecarga emocional ou mental
Incapaz de agir
Faz julgamentos

A Preparação dos Enamorados

Encontrando a Intenção – Sabedoria do Corpo

A maioria dos corpos tende a ser ou forte ou flexível – desenvolva o aspecto mais fraco do seu corpo.
Encontre um terapeuta competente e compatível para aliviar padrões crônicos de tensão.
Modalidades como a terapia craniossacral (TCS) e a acupuntura são poderosas.
Pergunte ao seu corpo como ele percebe o equilíbrio das suas energias femininas e masculinas.

Encontrando a Intenção – Sugestões de Escrita

Escolha seis cartas para uma decisão que você precisará tomar em breve. Três cartas descrevem uma possibilidade. As outras três descrevem outra opção. Escreva sobre cada caminho com a maior neutralidade possível.
Como você recebe mensagens do Sagrado Criativo?

Você tende a negligenciar ou oprimir seus aspectos masculinos ou femininos?
Fale sobre encontros com Aliados Divinos.

Encontrando a Intenção – Jornada

"Estou em uma encruzilhada familiar. Parece que já estive aqui antes. * Desejo ser mais real e autêntico. Fecho meus olhos para ouvir o que meu coração deseja neste momento da minha vida. * Quando abro os olhos, vejo três caminhos. Um vai para a esquerda, um reto à frente e o outro à direita. * Cada um desses caminhos me levará a um destino desejado. Variam apenas o tamanho de seus percursos e seus processos. * É importante que eu escolha o processo, bem como o destino. * Um caminho exigirá mudança e muita paciência. * Outro caminho traz mistério e surpresas que podem alterar o destino. Precisarei confiar em cada passo, pois não poderei ver adiante. * O terceiro caminho é uma continuação do ponto em que me encontro agora com minhas escolhas atuais. Esse caminho, sem dúvida, me levará a uma encruzilhada semelhante à frente. * Sem julgamentos, dou meu primeiro passo no caminho de que preciso agora. Não há como voltar atrás."

A Intenção dos Enamorados

Qual seria sua intenção se você estivesse livre de seus pensamentos e sentimentos habituais? De que forma o Sagrado Criativo está lhe dando sinais? Confie no observador e naquele que sente dentro de você para ter uma visão mais ampla de sua vida.

Sugestão de Ritual dos Enamorados

Crie três altares para representar o masculino, o feminino e o espírito da carta dos Enamorados. Visualize-se em todos os seus componentes. Identifique a simbologia masculina com o mundo. É o que é manifestado e reconhecido pelos outros. É trabalho, pensamento e ação. O feminino é a terra – nosso ser, corpo, conexão e criações. O espírito é a sacralidade, tempo sem tempo, orientação e sabedoria. Quando estiver pronto, abra o espaço sagrado através do ritual de Invocação do Círculo (p. 37). Escolha uma carta aleatória em cada estação. Seja guiado por seus Aliados Divinos e Ancestrais Amados. Vá para o centro. Visualize os três aspectos se fundindo perfeitamente numa espiral de luz ao seu redor.

Os Enamorados

Ritual do Carro

O Portal do Carro

Alinhar a vontade pessoal com a vontade divina
Gerenciar o ego com presença
Dominar as emoções e os pensamentos
Confiar nos pontos fortes e gerenciar os fracos

A Sombra do Carro

Distrai-se com facilidade
A força de vontade por si só não é eficaz
As coisas parecem fora de controle
Pouco movimento ou progresso

A Preparação do Carro

Encontrando a Intenção – Sabedoria do Corpo

Use a mão não dominante em tarefas comuns.
De vez em quando, dentro de casa, tente não usar seus óculos.
Desenvolva exercícios de equilíbrio.
Busque a opinião de um profissional sobre a estrutura geral do seu corpo, seus pontos fortes, fraquezas etc. Isso pode incluir testes musculares, acupuntura, exercícios corporais que incluam alongamento ou um *personal trainer*.
Peça ao seu corpo para mostrar como ele experimenta força e fraqueza.

Encontrando a Intenção – Sugestões de Escrita

Tire sete cartas. Três cartas representam seus pontos fortes, três serão seus pontos fracos. A carta restante é o seu carro – a sua força, vontade ou personalidade. Escreva sobre o panorama geral aqui em termos da sua motivação e avanço.
O que precisa do seu foco e determinação?
Como você procrastina ou se distrai?
Quais objetivos parecem inatingíveis ultimamente?
Onde ou quando você não confia em si mesmo?

Encontrando a Intenção – Jornada

"Me sinto mais eu mesmo do que nunca. Visualizo meu conjunto inerente de habilidades e traços que servem bem a mim e aos outros. * A cada respiração, me abro para a presença e o amor interior.

* Agora trago à mente momentos de medo e minhas reações naquela época. * Esses padrões automáticos, às vezes, oprimiram a mim e a outras pessoas. * Sinto uma onda de determinação para superar condicionamentos passados. * Avanço com uma compreensão melhor de mim mesmo. * Abandono a necessidade de estar certo ou errado. Não há necessidade de forçar nada. Avanço com apoio e confiança."

A Intenção do Carro

Esperamos que, durante a fase de preparação, tenha surgido uma questão ou desejo que exija a magia do Carro. Selecione um aspecto da sua vida que possa se beneficiar de um melhor fluxo e foco.

Sugestão de Ritual do Carro

Planeje uma viagem de carro ou moto. Tenha uma ideia geral do destino, mas permaneça aberto à sincronicidade e às mensagens. Durante toda a viagem, faça apenas uma coisa de cada vez. Ao dirigir, por exemplo, não ouça o rádio. Ao comer, não leia. Com uma estrada aberta e sem distrações, observe os desconfortos que possam surgir. Chegue a um local e prepare a Invocação do Círculo (p. 37). Leia a intenção em voz alta. Escolha uma carta para representar a força e outra para a fraqueza inerente à intenção. Escute. Volte-se para dentro. Permita que o Sagrado Criativo se torne o condutor.

O Carro

Ritual da Força

O Portal da Força

Confrontar sentimentos há muito escondidos do pensamento consciente
Honrar todos os sentimentos
Respostas não reativas
Libertar a paixão do medo

A Sombra da Força

Rigidez excessiva consigo mesmo e com os outros
Negligência às suas próprias necessidades
Impaciência
Sobrecarga por desejos, medos ou confusão

A Preparação da Força

Encontrando a Intenção – Sabedoria do Corpo

Defina pequenos passos que mudariam sua relação com o seu corpo. São exemplos: ir para a cama meia hora mais cedo, não comer após as 18h e se movimentar de alguma forma todos os dias.
Deixe surgir uma compreensão única da sua sexualidade e sensualidade.
Pergunte ao seu corpo em que ele precisa do seu apoio e compaixão.

Encontrando a Intenção – Sugestões de Escrita

Escolha oito cartas. Cada uma contribuirá para uma mensagem maior sobre como gerenciar suas necessidades em todas as circunstâncias. Escreva ideias instantâneas ou gatilhos para cada carta e, em seguida, uma mensagem geral.
Em que momentos você já testemunhou a raiva sendo usada de forma eficaz?

De que formas você experimenta a vergonha como sensação ou sentimento? O que pode desencadeá-la?
Quais desejos precisam ser reconhecidos?
Qual área da sua vida atualmente requer paciência e cuidado?

Encontrando a Intenção – Jornada

"Estou à beira de um terreno selvagem. * Enquanto respiro, me sinto alongado e solto. * Estou prestes a entrar em um território de várias influências sobre minha psique, meu ego e meu velho condicionamento. Posso encontrar a vergonha aprendida em vez do amor necessário. Antes de seguir em frente, considero quais podem ser esses aspectos. * Estou seguro e protegido enquanto avanço devagar. * Este é um espaço selvagem. Sinto-me sensual, movimentando-me como um grande felino. * A distância, sinto uma perturbação. Sensações antigas e medos começam a crescer em meu coração. Decido continuar. * Me deparo com uma espiral de cores escuras. Enquanto a observo girar sem sair do lugar, estou consciente das partes mais profundas de mim que sempre odiei. * Em vez de deixar que isso continue, peço que a espiral se transforme em um animal. Vou encontrar esse animal, minha própria fera selvagem, com todo o poder e amor. É uma parte de mim que parece estar separada do meu coração. * Ele me ataca. Respiro e deixo o amor fluir através de mim. * Minhas mãos nuas apanham a fera. Ela não pode causar nenhum dano. A força do amor a acalma. * A ilusão da separação se dissipa. * Permaneço calmo. Tudo isso está se tornando uma experiência dentro de mim. As rachaduras isoladas desse ódio por mim mesmo se dissolvem. * Observo enquanto o animal se funde numa espiral de luz vital."

A Intenção da Força

A autoaceitação exigirá compaixão e paciência. O que é necessário para trazer um maior senso de paz e plenitude à sua vida? Declare uma intenção de amor superando o medo, a vergonha, o arrependimento ou a sensação de indignidade.

Sugestão de Ritual da Força

Faça o Ritual de Invocação do Círculo; quando estiver no centro, declare sua intenção em voz alta oito vezes. Esteja atento a qualquer medo ou dúvida que possam surgir. Considere o que pode acontecer com sua vida se essa intenção não vier à tona. Deixe seu ego agir! Seu lado cínico ou seus condicionamentos antigos podem tentar sabotar a intenção. Mantenha-se calmo, mas envolvido com as dúvidas que aparecerem.

O medo não reside apenas na mente e no coração, mas também se instalou em seu corpo. Diga os medos em voz alta e sinta como seu corpo responde. Coloque suas mãos nessas áreas enquanto visualiza um feixe de luz curativa. Tome o tempo que for preciso para que a luz dissipe o medo ou a tensão. Depois, preencha-se de compaixão. Faça uma Tiragem do Círculo (p. 62) para obter instruções sobre como desenvolver essa nova presença.

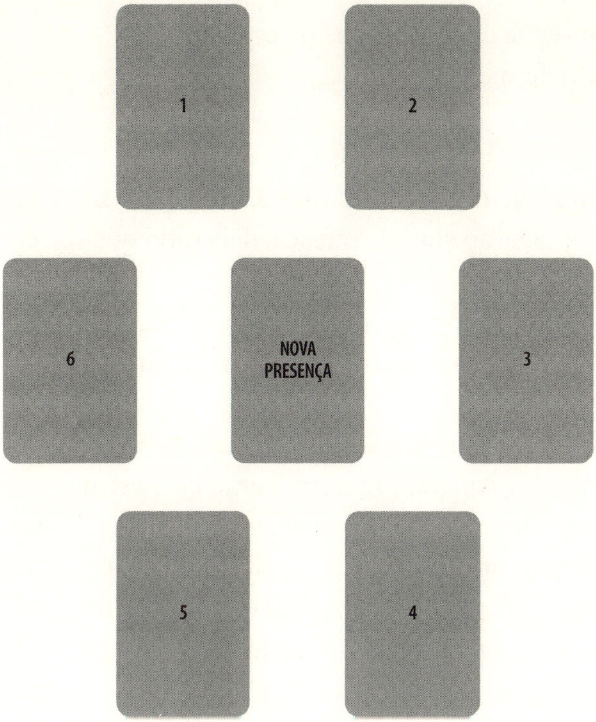

A Força

Ritual do Eremita

O Portal do Eremita

Ouvir a si mesmo e ao espírito
Desenvolver e manter uma prática espiritual viva
Separação saudável das preocupações mundanas

A Sombra do Eremita

Você se sente isolado, sem conexão

Não consegue encontrar paz de espírito
Ocupado demais

A Preparação do Eremita

Encontrando a Intenção – Sabedoria do Corpo

Movimente-se ao som de música, deixando que seu corpo se mova livremente.

Encontre uma forma que permita que o corpo se expresse. Movimente-se seguindo os impulsos do corpo.

Modalidades como Movimento Autêntico, improvisação de contato e InterPlay liberam a sabedoria inata do seu corpo.

Peça ao seu corpo para mostrar como ele desfruta da quietude.

Encontrando a Intenção – Sugestões de Escrita

Examine seu baralho de tarô para escolher de forma consciente todas as cartas que têm uma fonte de luz específica. Pode se tratar de uma luz literal, como a carta do Sol, ou uma carta que evoca uma sensação de luz, como o Nove de Ouros. Escreva sobre o poder da luz em sua vida com base nas mensagens dessas cartas.

Descreva a última vez que você escutou o silêncio.

O que ajuda a acalmar sua mente? Seu ser?

Escreva sobre a pessoa que manteve uma luz acesa para você durante um momento de crise.

De que maneiras você é diferente quando está sozinho?

Encontrando a Intenção – Jornada

"Estou cercado pela natureza. Estou sozinho, mas sou apenas um entre muitos seres sob esta noite estrelada. * Compartilho este espaço com animais terrestres, pássaros, árvores, plantas e pedras. * Honro todos os meus mestres e os ensinamentos que me trouxeram até este momento. * Como uma Estrela, faço parte de uma constelação, brilhando com os outros. Aqui é meu lugar. * Minha sabedoria está fluindo de forma plena. Minha capacidade de ouvir minha própria verdade ocorre sem esforço. * Minha luz me ajuda a navegar na escuridão. Ergo a lâmpada para ver mais longe. * Aqueles que precisam da minha luz notam mais coisas acontecendo em suas vidas. * Torno-me consciente de muitas outras luzes. Estamos separados, mas conectados, singulares e ao mesmo tempo inteiros, juntos."

A Intenção do Eremita

Durante uma meditação, reúna as diversas ideias, necessidades e preocupações levantadas durante a fase de preparação para transformá-las em uma intenção. Um longo banho de banheira, uma caminhada ininterrupta em silêncio ou apenas sentar-se quieto por quinze minutos podem permitir que uma necessidade significativa surja. Mantenha-se envolvido, mas desapegado do resultado.

O Ritual Sugerido para o Eremita

O ritual é realizado em isolamento ao longo de alguns dias para honrar sua intenção. Se possível, agende um retiro noturno no deserto – um dia completo entre duas noites. Esse espaço privado (ou desconectar-se em casa) é uma abertura deliberada para o Sagrado Criativo. A primeira noite envolve descanso e a eliminação de toda conexão com o mundo exterior – telas, telefones, outras pessoas. O dia é uma imersão ativa no ato de manter sua intenção de forma consciente. Permaneça aberto ao fluxo de mensagens ao seu redor. Observe quaisquer sincronicidades com a natureza, ideias ou sonhos recebidos enquanto estiver nesse estado de quietude e escuta. Se estiver próximo a outras pessoas, que mensagens você ouviu por acidente? Como elas se relacionam com sua intenção?

Quando estiver pronto, inicie a cerimônia básica no final da tarde ou à noite. Declare sua intenção em voz alta. Medite nesse espaço sagrado por pelo menos quinze minutos. Leia em voz alta as mensagens e atividades reunidas. Escolha três cartas para a resposta do Sagrado Criativo à sua intenção. Após fechar o círculo, passe o tempo restante em estado de gratidão.

O Eremita

Ritual da Roda da Fortuna

O Portal da Roda da Fortuna

Mudanças significativas
Desapegar-se
Karma

A Sombra da Roda da Fortuna

Apegado em excesso a resultados desejados
Passividade ou resistência às mudanças necessárias
Perda de conexão com as estações

A Preparação da Roda da Fortuna

Encontrando a Intenção – Sabedoria do Corpo

Encontre um movimento ou método corporal que oriente todo o seu ser para o momento presente. Exemplos incluem uma soneca profunda, flutuar na água ou a postura do cadáver após uma sequência de yoga. Com o tempo e de maneira tranquila, essas experiências físicas podem transformar as mudanças e o estresse. Pergunte ao seu corpo sobre suas perspectivas em relação às mudanças pelas quais passou.

Encontrando a Intenção – Sugestões de Escrita

Tire cinco cartas de tarô, uma para cada uma das quatro estações e a outra representando um projeto ou foco específico. Escreva sobre a progressão desse projeto, começando pela próxima estação do ritual.
A quem ou a que você está apegado? O que está apegado a você?
Descreva qualquer mudança que tenha parecido um grande desvio na época.
O que está mudando?
Descreva seu entendimento a respeito do propósito dessa encarnação.

Encontrando a Intenção – Jornada

"Estou num terreno selvagem. Posso ver tudo ao meu redor e acima de mim por quilômetros. Nuvens cinzentas e tempestuosas começam a aparecer. Sinto o frio de uma tempestade se formando. * Clarões e faíscas de raios começam a iluminar o céu. * Estou ciente de que estou ao ar livre. Deveria temer pela minha segurança, mas não temo. * Nos vislumbres de luz branca, um profeta desta terra se aproxima de mim. Agora entendo por que não sinto medo. * Ele me conduz a uma posição melhor para ver um espetáculo de raios. * Uma grande roda flamejante aparece no céu. É uma grande mandala, uma roda giratória de padrões e símbolos. * Está me mostrando uma forma dos ritmos do universo. Todas as formas exteriores parecem desaparecer. * Observo essa grande imagem como a ordem subjacente de toda a vida. É a roda do tempo e do espaço. * Sinto-me livre de todos os desejos e necessidades. Não sinto separação. Eu estou com o que é."

A Intenção da Roda da Fortuna

A magia da Roda da Fortuna é a magia da mudança. Que mudança você descobriu ser necessária? Escreva a intenção no tempo presente, como se a mudança desejada já tivesse acontecido. Descreva o resultado e como isso faz você se sentir.

Sugestão de Ritual da Roda da Fortuna

A imagem da Roda da Fortuna do baralho Waite-Smith contém muitos símbolos poderosos – uma esfinge, um rei, uma mão que agarra e quatro evangelistas bíblicos. Use essas figuras misteriosas como energias visuais, se desejar. Elas dançam numa roda do tempo que contém o centro da atemporalidade.

Designe a preferência de tempo para a manifestação de sua intenção – por exemplo, dentro de quatorze dias, três estações ou dois anos. Usando o Ritual de Invocação do Círculo, convoque cada quadrante como um marco na linha do tempo da intenção. Comece pelo Leste. Por exemplo, se você quiser que a intenção se manifeste dentro de um ano, o Leste pode representar a primavera. Crie uma energia visual forte da intenção se tornando realidade ao longo do tempo. Comece o ritual acendendo velas e abrindo os quadrantes. Uma vez que o espaço sagrado tenha sido criado, caminhe devagar três vezes entre os quatro quadrantes antes de tomar seu lugar no centro. O centro é o assento da percepção. Disponha seu baralho de cartas virado para baixo em um círculo ao redor do assento. Pare um pouco para se concentrar na sua respiração. Deixe toda a realidade externa se dissipar. Diga a intenção em voz alta para seus Aliados Divinos e Ancestrais Amados. Chame uma visão para vir até você. Um temporizador ou trilha sonora pode ajudá-lo a se tornar completamente receptivo.

Deixe sua mão percorrer o círculo de cartas no sentido horário. Você talvez sinta uma atração por certa seção. Tire uma ou duas cartas para indicar sua realidade atual.

Agora, percorra o círculo no sentido anti-horário. Novamente, você sentirá uma atração por certa seção. Tire algumas cartas que reflitam sua resistência.

Por fim, encontre uma carta no círculo que represente o seu centro. Escolha uma que transmita plenitude e riqueza. Essa imagem ou mensagem o ajudará a manter-se forte durante a mudança.

Deixe-se captar instantaneamente o sentido das mensagens. Contemple essas cartas. Quando terminar, percorra seus passos no sentido inverso para entrar no "tempo real", com gratidão por toda a presença amorosa durante o ritual.

A Roda da Fortuna

Ritual da Justiça

O Portal da Justiça

Alavancar a vida corretamente
Dizer o que pensa
Leis e consequências espirituais

A Sombra da Justiça

Desonestidade consigo mesmo e com os outros
Crítico e julgador
Descuido consigo mesmo

A Preparação da Justiça

Encontrando a Intenção – Sabedoria do Corpo

Exercícios para o chakra cardíaco seriam benéficos.
Encontre maneiras de explorar equilíbrio e alavancagem com o peso do próprio corpo. Tente passar o aspirador ou carregar sacolas de compras com mais apoio. A postura da árvore do yoga é uma posição que desafiará padrões físicos habituais.
Pergunte ao seu corpo o que pode estar em desequilíbrio.

Encontrando a Intenção – Sugestões de Escrita

Escolha três cartas (selecione com a face para baixo ou para cima). Duas das cartas representam os dois extremos que você costuma manifestar ao agir a partir dos seus padrões habituais. A terceira carta é o caminho do meio, uma resposta atual.
Quem o tratou de maneira injusta ou aquém das suas expectativas? Que perdão é necessário para libertar vocês dois?
O que você precisa alavancar?

Encontrando a Intenção – Jornada

"Estou de pé, olhando para uma escada de mármore de muitos degraus. Não consigo ver o destino. Começo a subir. * Enquanto caminho, permito-me pensar a fundo sobre as injustiças que sofri. Recordo as pessoas envolvidas. Lembro de como isso me afetou. * Continuo subindo os muitos degraus. Há um céu aberto e brilhante ao redor. Parece quase iluminado por fogo. * Começo a pensar nas pessoas que machuquei direta ou sem intenção. Consigo ouvir minhas próprias explicações e justificativas. Percebo o quadro maior que se formou desde então. * Chego ao topo das escadas. Agora posso ver a Justiça sentada em seu trono. Ela está vendada, segurando uma espada numa mão e uma balança na outra. * Ela move a balança em minha direção. * De um lado da balança, devo colocar um grande desejo para minha vida. * Do outro lado, coloco as injustiças, desvios e erros cometidos por mim e por outros. * Fico em silêncio. Esperamos que o amor equilibre a balança. Eu ajudo enviando perdão. * Estou na presença da lei cósmica. Muito disso eu talvez jamais entenda. Meu desapego de todas essas mágoas passadas agora está sendo alavancado pelo amor. * Meu coração se alivia. * A Justiça retrai a balança. Sinto um sorriso. Agradeço a ela enquanto começo minha partida. * Retorno com o coração mais leve."

A Intenção da Justiça

Anote quaisquer percepções ou intuições súbitas que você obteve nas explorações preparatórias. O que tocou seu coração? O que alimentaria seu coração se fosse transformado? Ouça suas verdades para criar a intenção mais necessária.

Sugestão de Ritual da Justiça

Enquanto você abre os quadrantes, faça um pedido de paz aos quadrantes Norte, Sul, Leste e Oeste. Trace um círculo externo de justiça para todos os seres. Vá para o centro para que sua verdade seja equilibrada pela força do amor. Diga sua intenção. Deixe que a balança funcione como mencionado na meditação da jornada. O amor acabará por equilibrar tudo. Escolha três cartas como imagens de sabedoria. Pressione cada uma contra seu coração antes de receber sua mensagem.

A Justiça

Ritual do Pendurado

O Portal do Pendurado

Novas perspectivas
Suspensão
Entrega
Reclusão em relação à sociedade

A Sombra do Pendurado

Autonegação ou negligência
Busca de aprovação dos outros
Recusar mudanças ou orientação

A Preparação do Pendurado

Encontrando a Intenção – Sabedoria do Corpo

Assuma posições físicas ou faça alongamentos que o ajudem a ver as coisas de maneira diferente.

Talvez você possa deitar-se ao ar livre para observar o céu noturno, flutuar na água ou ficar de cabeça para baixo, apoiando-se sobre a cabeça ou sobre as costas e os ombros. Mantenha um alongamento confortável por um tempo.
Use óculos de sol coloridos.
Pergunte ao seu corpo como ele deseja ser visto por você.

Encontrando a Intenção – Sugestões de Escrita

Embaralhe suas cartas de modo que algumas fiquem invertidas. Escolha três. Escreva sobre as maneiras como você está começando a perceber a vida de forma diferente usando essas três cartas como inspiração. Nesta tiragem, as cartas invertidas têm mais importância. Explore as maneiras como você se submete e se sujeita em vez de se entregar. Submeter-se é negar o poder do seu próprio livre-arbítrio, enquanto entregar-se é entrar em um estado de verdadeira vulnerabilidade.
Como/o que/quem você está começando a ver de maneira diferente?

Encontrando a Intenção – Jornada

"Estou cercado por um dossel de árvores. * Ouço pássaros e sinto uma brisa suave através das folhas. * Nas proximidades, ouço o som de um riacho. Caminho em direção a ele. * Ando ao longo do riacho sabendo que em algum lugar dessa floresta está a Árvore da Vida. Ela lança raízes profundas no mundo subterrâneo. Seu tronco está neste mundo, enquanto seus galhos cobrem o mundo superior. * O riacho leva a um grande lago de água esmeralda. Ele está bem em frente à Árvore da Vida. Fico maravilhado com essa árvore majestosa. * Olho para a água. Vejo um ser de rosto brilhante me olhar de volta. Ele magicamente está pendurado pelo pé em um grande galho da Árvore da Vida. * Seus olhos são esplêndidos. Há uma aura dourada ao redor de seu corpo. * Não estou aqui para libertá-lo. Ele não precisa de ajuda, pois está conectado a uma fonte poderosa e está profundamente arraigado em sua própria liberdade. * Sento-me à beira do lago e permito-me não querer nada. * Após algum tempo, levanto-me em silêncio, agradeço e começo a voltar. Confio nos meus pensamentos e percepções. Sei o que é verdade em minha realidade."

A Intenção do Pendurado

Ter uma plena sensação de estar no momento presente é desafiador em uma cultura de rapidez e conveniência. Diminua o ritmo. Dedique o tempo necessário para criar uma intenção que traga um senso de sacralidade – plenitude.

Sugestão de Ritual do Pendurado

Separe os naipes e coloque-os virados para baixo nos quatro quadrantes segundo o Ritual de Invocação do Círculo. Para abrir o ritual, vá para cada uma das direções (começando pelo Leste) e escolha aleatoriamente uma carta. Essa carta indica o que precisa ser entregue para que a intenção se manifeste. O Leste representa o padrão de pensamento, o Sul fala do desejo, o Oeste mostra a crença emocional e o Norte fala dos recursos necessários.

Faça um sacrifício ritualístico para a meditação do centro. Exemplos: queimar uma lista das suas interpretações das quatro cartas escolhidas, enviar um barquinho de papel ou flores flutuantes rio abaixo ou usar papel *flying wish*. É muito recomendável enterrar um cristal ou pedra carregado com sua intenção perto de sua árvore favorita.

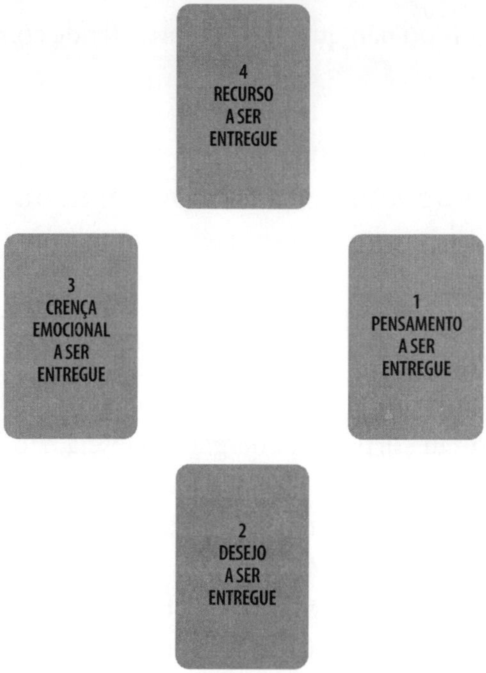

O Pendurado

Ritual da Morte

O Portal da Morte

Transformação
Mudança de forma
Morte do eu antigo
Desfechos

A Sombra da Morte

Tédio
Ficar preso em velhos hábitos

Não conseguir ou não querer se desprender de coisas das quais não precisa mais

A Preparação da Morte

Encontrando a Intenção – Sabedoria do Corpo

Explore o movimento sem se apegar a exercícios físicos.
Encontre maneiras de mover seu corpo que sejam únicas para você.
Experimente algo completamente novo: coma com a mão menos dominante ou flutue em um tanque de privação sensorial, por exemplo.
Descubra a melhor posição para experimentar a imobilidade máxima.
Pergunte ao seu corpo que energia ele deseja não carregar mais.

Encontrando a Intenção – Sugestões de Escrita

Escolha três cartas que se relacionem com uma fase da sua vida que está concluída ou quase concluída. Por exemplo, você se aproxima do fim da paternidade ou maternidade quando seu filho se muda ou vai para a faculdade. Escreva sobre as percepções recebidas das cartas, quer elas correspondam, quer não à sua própria compreensão atual.
O que está morto há algum tempo?
Fale sobre a primeira vez que você teve consciência da morte.
Do que você se arrependeria de não ter vivido a partir deste momento até o dia da sua morte?

Encontrando a Intenção – Jornada

"Estou em pé num campo árido. O sol começou a se pôr. O céu brilha vermelho. O vento e os corvos criam uma paisagem sonora. * Ouço meus passos enquanto caminho pelo campo. Não há caminho. * Um cavalo sem cavaleiro aparece à minha esquerda. * Depois que fazemos contato visual, o cavalo se vira. Eu sigo. * Ao longe, vejo um esqueleto ceifando com uma enorme foice. Ele corta o trigo com fortes movimentos. * Continuo andando ao lado do cavalo. Somos companheiros silenciosos. * Vejo a figura de alguém em pé ao lado de uma árvore enorme. Estou ciente de que se trata de um espírito. * À medida que me aproximo dele, o cavalo se afasta. Reconheço esse espírito como eu mesmo. Ele é ninguém menos que meu eu futuro, aquele antes do dia da minha morte. * Está tão curioso para me ver quanto eu para vê-lo. Me mostra uma visão do que eu poderia experimentar se não tivesse medo. * Agradeço-lhe. Viro-me para voltar. * Filas de pessoas que amei e que partiram formam duas fileiras. Eu caminho entre elas e recebo suas bênçãos. * Volto ao local onde apareci para esta jornada. Sou abençoado."

A Intenção da Morte

O ciclo do nascimento à morte é um ritmo comum. Considere, no entanto, ir da morte ao nascimento. Este arcano maior não é chamado de "Morrer", é a carta da Morte. O que precisa ser devidamente enterrado? Você pode basear sua intenção em qualquer aspecto que fortaleça sua determinação de viver de forma plena.

Sugestão de Ritual da Morte

Faça uma pesquisa preliminar sobre diferentes rituais de morte. Rituais fictícios também são aplicáveis. O que desperta sua imaginação? Baseie seu ritual em uma variação de qualquer rito que ressoe muito como uma cerimônia de travessia.

Que parte de você precisa de um sepultamento adequado? Crie um recorte da figura de uma pessoa para atuar, de certa forma, como uma representação. Leia sua intenção enquanto mantém a mão sobre a figura de papel para abençoar essa parte de você que precisa ser liberada. Quando estiver pronto, queime ou enterre esse símbolo. Esse ritual limpa ativamente o espaço necessário para o crescimento. Escolha cinco cartas. Coloque-as na ordem que desejar. A partir dessas cartas, crie uma bênção para o que precisava ser liberado.

A Morte

Ritual da Temperança

O Portal da Temperança

Graça
Alquimia
Guardiões angelicais
Recuperação

A Sombra da Temperança

Pular de um extremo para o outro
Desconexão de um fluxo natural
Falta de confiança em que as coisas irão mudar e/ou melhorar

A Preparação da Temperança

Encontrando a Intenção – Sabedoria do Corpo

Faça uma caminhada em um ritmo entre uma caminhada lenta e um trote leve. Mantenha esse ritmo intermediário o máximo de tempo possível antes de desacelerar.

Considere realizar movimentos físicos que fortaleçam a coordenação geral e melhorem a sensação de fluxo na coluna. Um vídeo de Pilates, uma mesa de inversão ou um suporte para o pescoço podem ajudar. Pergunte ao seu corpo como ele flui.

Encontrando a Intenção – Sugestões de Escrita

Escolha duas cartas focando em duas esferas da sua vida que poderiam se apoiar melhor mutuamente. Exemplo: trabalho e vida pessoal. Cada carta representa uma das esferas.

Como você imagina que seria a melhor maneira de conectá-las?

Descreva momentos durante uma crise em que você experimentou calma e graça de forma inesperada.

Qual é a sua natureza divina?

Encontrando a Intenção – Jornada

"Estou num caminho. Ele leva em direção a duas colinas arredondadas a distância. O Sol brilha intenso. * À medida que ando, meus batimentos cardíacos se aceleram. Sinto uma energia diferente à medida que me aproximo das colinas. * Caminho entre essas duas colinas. Um vale inteiro se abre diante de mim. Está cheio de flores. Alguns pássaros enormes voam graciosos. * Um lago brilha à luz do sol. Quando me aproximo, um dos pássaros desce. Percebo que não é um pássaro, mas um ser angelical. * Sinto como se tivéssemos combinado um encontro aqui. Ele se move de maneira diferente do que eu havia imaginado. * Nós entendemos e respondemos um ao outro, embora eu mal consiga respirar na presença desse ser. * Há dois cálices posicionados perto do lago. Cada um de nós pega um cálice. * Enchemos nossos cálices com a água do lago e bebemos. * Uma mudança começa a acontecer dentro de mim. Minha própria identidade se funde com algo muito maior e mais amplo. * O anjo estende a mão para o meu cálice, que flutua até ele. Com os dois cálices, ele paira acima do lago e mistura as águas de ambos os cálices. * Sinto outra mudança dentro de mim. Minha natureza divina se entrelaça com meu eu humano. * O anjo voa alto até um arco-íris distante."

A Intenção da Temperança

A intenção de sentir o apoio de um Aliado Divino é poderosa. Pense com cuidado no que precisa de mais graça, atenção e moderação em sua vida. Os anjos vêm em nosso auxílio quando são convidados.

Sugestão de Ritual da Temperança

Leve dois cálices a um corpo d'água ou perto de uma estátua de anjo em um cemitério. Registre sua intenção em um papel de forma que possa ficar sobre os dois cálices. Medite e peça que um Aliado Divino ouça essa intenção. Peça orientação angelical. Use o Poder do Faz de Conta se necessário; um anjo o ouvirá. Corte a intenção ao meio e coloque uma parte em cada cálice. Sinta a sensação que talvez desça, então, ao seu redor. Escolha uma carta de tarô que servirá como uma ponte entre esses dois cálices. Levante ambos os cálices e imagine um fluxo entre eles. Mantenha os dois cálices com as duas metades da intenção sobre seu altar ou num local em que possa vê-los todos os dias por duas semanas. Interprete a carta escolhida como uma mensagem da alquimia necessária para manifestar a intenção.

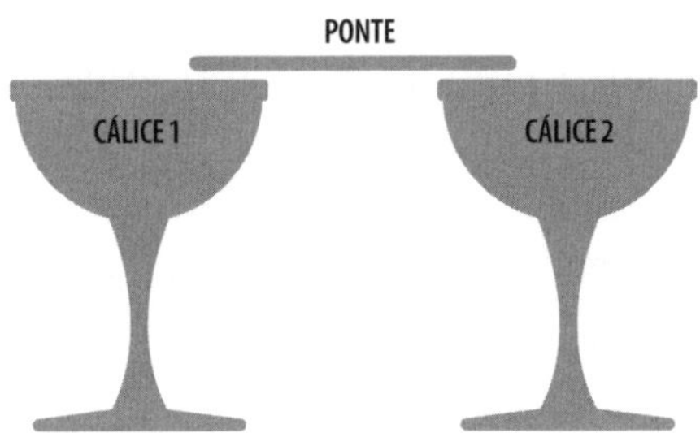

A Temperança

Ritual do Diabo

O Portal do Diabo

Ego
Materialismo
Falsidades
Obsessão/vícios

A Sombra do Diabo

Indiferença às necessidades e aos desejos
Apatia em relação às consequências
Autojulgamento

A Preparação do Diabo

Encontrando a Intenção – Sabedoria do Corpo

Permita-se alguns excessos, mas com atenção e de forma deliberada.
Faça um exame físico para obter dados reais sobre peso, colesterol etc.
Elimine todas as roupas ou os acessórios que não funcionam mais.
Peça que o seu corpo lhe mostre como ser irresponsável com responsabilidade.

Encontrando a Intenção – Sugestões de Escrita

Escolha três cartas de tarô. A primeira carta representa a luz. A segunda é a sombra. A terceira carta fala da escuridão. Interprete esses títulos da maneira que achar mais adequada. Eles são aplicáveis à sua vida atualmente?
Liste todas as mentiras agradáveis que você gostaria de ouvir e de quem gostaria de ouvi-las.
O que você esconde dos outros? E de si mesmo?

Encontrando a Intenção – Jornada

"Estou em frente a um templo escuro. Quinze degraus levam à sua entrada. Começo a subir. * Na entrada principal, a porta se abre como se me aguardasse. Entro no templo. * Após poucos passos, velhos medos e inseguranças começam a surgir dentro de mim. Começo a me sentir desorientado no tempo. A sensação se intensifica a cada passo. * Estou determinado a enfrentar meus fantasmas do passado. Procuro o cômodo que parece tão pesado quanto meu coração neste momento. * Entro no cômodo. Um espelho solitário está no centro. Aproximo-me dele com cuidado. * Quando estou a poucos centímetros dele, uma imagem de mim mesmo aparece. Essa imagem me assombra. Reflete uma semelhança minha com perfeição cristalina. Tem o corpo que eu sempre quis, tem controle total sobre si mesmo e não precisa de ninguém. Olho nos olhos desse eu. Começo a reconhecer as mentiras, o ego e as expectativas dos outros. * É o meu ego posto a nu. Não posso destruí-lo, mas sou movido a destruir o espelho. Um instrumento adequado para esse trabalho aparece. * Aprecio a destruição da autodepreciação e das inseguranças acumuladas nesta vida de nunca ser suficiente. * Quebro o espelho. À medida que a imagem se estilhaça, a dor da vergonha e o fardo desaparecem. * Não sinto mais a dor tormentosa dentro de mim. Minha luz começa a crescer de imediato. Fico imóvel enquanto minha luz se expande além do meu corpo para o cômodo, o corredor e depois todo o templo. * A libertação é minha. Saio do templo."

A Intenção do Diabo

Elabore uma intenção baseada em destemor e plenitude. Quais desejos e anseios precisam ser reconhecidos? Que escolha você realmente gostaria de fazer agora?

Sugestão de Ritual do Diabo

Pense em uma forte crença limitante que talvez tenha surgido durante a preparação. Escolha de forma consciente quaisquer cartas de tarô que contenham a energia desse medo ou ilusão. Usando o Ritual de Invocação do Círculo, prepare o centro criando um círculo com as cartas escolhidas. Uma vez sentado, pegue as cartas uma por uma. Localize a energia da primeira carta em seu corpo. Imagine que você pode puxar essa energia para fora do corpo. Imagine que pode transferir essa energia para as mãos. Uma vez que ela tenha sido extraída por completo, esfregue as mãos com vigor para transformar a energia. Aos poucos, abra as mãos e veja a resposta do espírito na forma de um novo símbolo, luz ou imagem para substituir esse espaço. Coloque as mãos sobre o local e imagine a nova energia substituindo o padrão tóxico. Repita esse processo com cada carta escolhida. Ao terminar, leia sua intenção em voz alta com uma presença mais plena e encarnada.

Ritual da Torre

O Portal da Torre

Mudanças grandes e abruptas
Clarão de iluminação
Transformação de falsidades e modos de ser já ultrapassados

A Sombra da Torre

Deixa-se derrotar por desafios com facilidade
Com frequência escolhe o conforto em vez do crescimento
Evita conflitos a todo custo

A Preparação da Torre

Encontrando a Intenção – Sabedoria do Corpo

Encontre um terapeuta para ajudar na liberação somática de traumas.

Aprenda a técnica de *tapping* corporal.
Faça uma longa caminhada sem destino para permitir que o corpo carregue a mente.
Peça ao corpo que lhe mostre como ele está se curando.

Encontrando a Intenção – Sugestões de Escrita

Tire três cartas. A primeira representa a torre – uma antiga capacidade de conviver com coisas ruins. A segunda é o raio – a mudança necessária para derrubar tudo o que o afasta do amor. A terceira carta representa as pessoas caindo – deixar essa prisão construída por você mesmo. Descreva as maneiras como você aprendeu a lidar com as dificuldades. De que maneira alguma delas se transformou em uma prisão em vez de em um santuário? Que dinâmica indesejada parece se repetir de modo contínuo? Quais sinais de alerta você está evitando?

Encontrando a Intenção – Jornada

"Olho a distância para uma grande torre cinza. * Eu mesmo construí essa torre, tijolo por tijolo, ao longo dos anos, para ter segurança. Caminho aos poucos em direção a ela. * Ao entrar na torre, percebo os muitos quartos que guardam velhas memórias. Elas se repetem constantemente, como filmes. São todas cenas de momentos em que senti que não merecia amor. Não era seguro ser eu mesmo. * Há uma longa escadaria em espiral que passa por todos os quartos. Posso decidir olhar dentro de cada quarto ou seguir para o andar superior. * Sinto a vergonha e o medo ao meu redor. Continuo subindo. Percebo que a fonte dessas cenas é a dor dos outros. * Chego ao topo. Há três janelas. A primeira janela mostra meu passado sob uma luz diferente. A janela do meio mostra o presente desconhecido. A terceira mostra um futuro poderoso. * O potencial de cada um desses tempos brilha, mesmo dentro desta prisão. Olho através de cada uma em busca de um vislumbre dessas realidades. O ato de olhar começa a transformar os antigos padrões de dor. * Desço devagar, percebendo que muitos dos quartos ficaram silenciosos. A angústia não é mais palpável. Quando percebo alguma atividade, envio perdão para aqueles que causaram a ferida original. * Ao sair da torre, olho para trás e respiro fundo. Sinto-me livre e aberto. * Levanto meu braço, invocando um raio para destruir essa torre. Mesmo dentro das chamas ardentes, perdoo todos aqueles que me machucaram ou me ensinaram a temer em vez de amar. * A torre explode, por fim. Respiro e me sinto livre de qualquer bagagem. Eu escolho a partir daqui."

A Intenção da Torre

Qual intenção é necessária agora para curar experiências ou relacionamentos que explodiram recentemente? Este portal pode eliminar a toxicidade dos padrões que têm impedido o verdadeiro crescimento.

Sugestão de Ritual da Torre

Aplique o Ritual de Invocação do Círculo como estrutura para a cerimônia. Traga algumas fotos que simbolizem momentos em que você se sentiu amado. Coloque-as em círculo ao redor do assento central. Uma vez sentado no centro, leia sua intenção em voz alta para seus Aliados Divinos e Ancestrais Amados.

Escolha a carta da Torre ou uma cópia dela. Com uma tesoura, recorte as figuras das pessoas caindo. Pense em todas as vezes em que você foi forçado a sair da sua zona de conforto apenas para descobrir uma versão real de si mesmo. Coloque as figuras caídas em pé. Em seguida, recorte a parte da carta que mostra o ponto de impacto do raio na torre. Engaje-se com as maneiras pelas quais o Sagrado Criativo desviou você para diferentes caminhos. Comece a cortar a torre em pedaços pequenos. Enquanto isso, expresse gratidão por todas as maneiras como você aprendeu a conviver com uma situação ruim ou se esconder para se sentir seguro. Honre e libere essas escolhas de sobrevivência. Este ritual não encerrará essas histórias, mas pode mudar seus finais.

Por fim, escolha três cartas para representar:

- seu reconhecimento e consciência das antigas maneiras de se sentir seguro,
- uma visão para eliminar esses hábitos do seu organismo,
- e um conselho para ter uma vida livre dessas escolhas automáticas.

A Torre

Ritual da Estrela

O Portal da Estrela

Autoaceitação
Fé
Paz após a tempestade

A Sombra da Estrela

Cinismo
Crítico em relação a si mesmo e aos outros
Recusa em fazer qualquer introspecção
Sem sonhos

A Preparação da Estrela

Encontrando a Intenção – Sabedoria do Corpo

Reserve quinze minutos diários para meditar – sentado, caminhando ou deitado.

A oração centralizadora é uma tradição forte e útil. Escolha uma palavra significativa para ser seu mantra, sua palavra sagrada, como foco central durante toda a meditação.

Enquanto medita, volte suavemente a essa palavra de ancoragem se sua mente se dispersar.

A palavra pode ser inspirada pela própria carta da Estrela.

Pergunte ao seu corpo o que o faz sentir como se estivesse brilhando.

Encontrando a Intenção – Sugestões de Escrita

Escolha cinco cartas e disponha-as em um formato de estrela. Deixe essas cartas estimularem pensamentos sobre cura após qualquer experiência de torre.

O que você está finalmente aceitando sobre si mesmo ou sobre a vida?

De que maneiras você quer brilhar?

Que sonho retorna em várias formas?

Encontrando a Intenção – Jornada

"Estou num caminho que leva a colinas suaves. É noite. As estrelas começam a brilhar. Reconheço algumas constelações. * No entanto, noto uma estrela que tem muitas pontas. Não é como nenhuma outra. Ela parece piscar às vezes. * Caminho em sua direção. Passo pelas colinas. O silêncio é profundo. * Entro em um vale florido. Um enorme lago brilha sob o azul profundo do céu noturno. Há dois recipientes de água perto da lagoa. * Tiro todas as minhas roupas. Equilibro-me facilmente enquanto me ajoelho, com o joelho esquerdo firme na terra e o pé direito na água refrescante. * Seguro os recipientes, e a água começa a fluir sobre mim enquanto se derrama de ambos. * Sou parte de um fluxo que não entendo, mas no qual confio. * A estrela de muitas pontas parece pulsar. Meu espírito e corpo são um só neste lugar sagrado."

A Intenção da Estrela

O que pode precisar ser reiniciado atualmente? Examine os vários aspectos da sua vida. Houve alguma grande turbulência? O que é necessário para uma nova integração? Que nova energia foi liberada?

Ritual Sugerido da Estrela

Idealmente, esse ritual seria realizado sob um céu estrelado. Se isso não for possível, considere fazer o ritual após um banho de imersão. Comece com o Ritual de Invocação do Círculo. Sente-se no centro e visualize o topo da sua cabeça como um anel de estrelas. Abra-se completamente para o céu noturno. Diga sua intenção em voz alta. Após um pouco de silêncio, coloque seis a oito cartas viradas para baixo numa formação de estrela. Permita que essa seja a estrela apontando para o seu destino. Vire cada carta e deixe que ela sussurre um *insight*. Faça uma leitura mais detalhada com todas as cartas. Observe como elas podem falar sobre um tema ou ideia. Encontre ideias ou imagens que se repetem. Adote uma visão panorâmica das cartas, vendo-as falarem em conjunto.

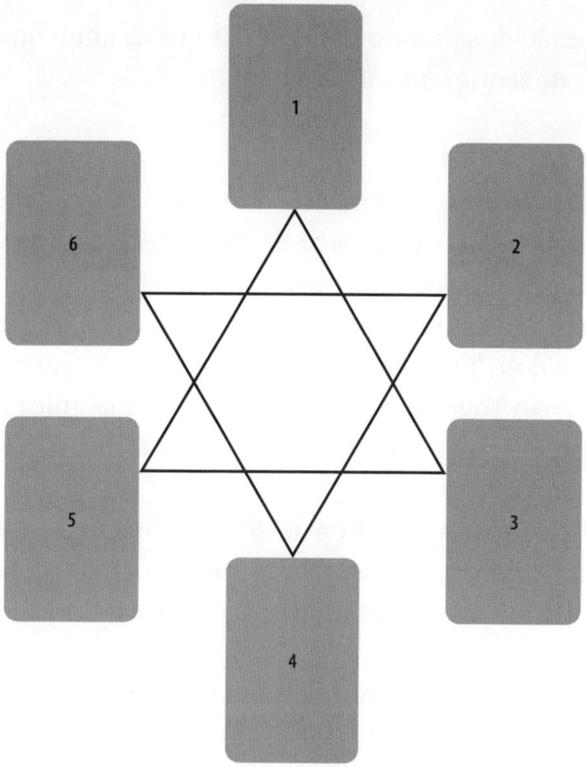

A Estrela

Ritual da Lua

O Portal da Lua

Ciclos
Ilusões
Mistério

A Sombra da Lua

Timing ruim

Desconexão dos próprios ritmos naturais de alimentação ou sono
Incapaz de sentir seus instintos

A Preparação da Lua

Encontrando a Intenção – Sabedoria do Corpo

Explore diversos ritmos através de formas vigorosas de dança, como dança de salão ou tango.
Experimente seus próprios movimentos com música internacional ou cantando ritmos diferentes.
Pratique Yin Yoga para se aprofundar em uma única postura.
Pergunte ao seu corpo como ele muda de forma.

Encontrando a Intenção – Sugestões de Escrita

Retire uma carta e escreva sobre o mistério mais profundo que ela guarda para você. Invente uma narrativa, caso a história não seja evidente.
Descreva uma profecia que teve um grande impacto em sua vida.
Como você precisa se libertar?
Como a sua natureza feminina de recepção se equilibra com a natureza masculina de manifestação?

Encontrando a Intenção – Jornada

"Estou num caminho que serpenteia entre duas torres cinzentas. * A Lua está cheia, em toda a sua glória. Há iluminação poucos metros ao meu redor, mas nada a distância está claro. * Enquanto caminho, ouço alguém chamando meu nome com voz abafada. Eu ficaria com medo se a voz não fosse tão encantadora e intensa. * Meu estresse começa a derreter. Sinto-me mais belo e forte a cada passo. Minhas pernas querem correr. * Sinto animais nas proximidades. Todos nós somos amados por essa Lua. * Ao passar entre as duas torres, parece que estou em outra dimensão de tempo e espaço. * O caminho leva à beira de um oceano. Todo o meu ser se move em sintonia com o ritmo das ondas. Perco completamente a noção de mim mesmo. Estou livre de todas as narrativas. * Torno-me grandioso. Permito que meu eu mítico surja livremente."

A Intenção da Lua

Imagine estar em total alinhamento com a Lua. O que poderia evoluir se você tivesse tempo, foco e energia? Empregue essa intenção para criar grande magia e mistério.

Ritual Sugerido da Lua

Considere um ritual que seja simultâneo com um ciclo lunar completo. Dentro desse período de vinte e oito dias, a intenção pode ser apresentada de várias maneiras.

Você pode repetir a intenção completa quatro vezes durante as quatro fases da Lua - nova (desconhecida), crescente (início), cheia (plena) e minguante (finalizando o que está pendente). Perceba a diferença a cada repetição. Deixe sua compreensão se aprofundar à medida que você coloca a intenção sob cada fase da Lua.

Outra variação é estruturar uma intenção em quatro fases. Cada fase teria uma parte específica da intenção. A lua nova é um tempo meditativo para receber *insights*. A lua crescente é um momento de declaração de desejos. Peça quaisquer ações/mudanças necessárias até a lua cheia. Na lua cheia, abra-se para bênçãos e ativação da intenção. Durante a lua minguante, libere todos os apegos com gratidão. Esteja com o que é.

Na lua nova, pratique a Invocação do Círculo. Uma vez no centro, retire três cartas ou use sua própria tiragem lunar. Exiba as cartas escolhidas até a próxima lua nova. Registre todas as mensagens recebidas. Crie um plano ou revise a intenção, se necessário.

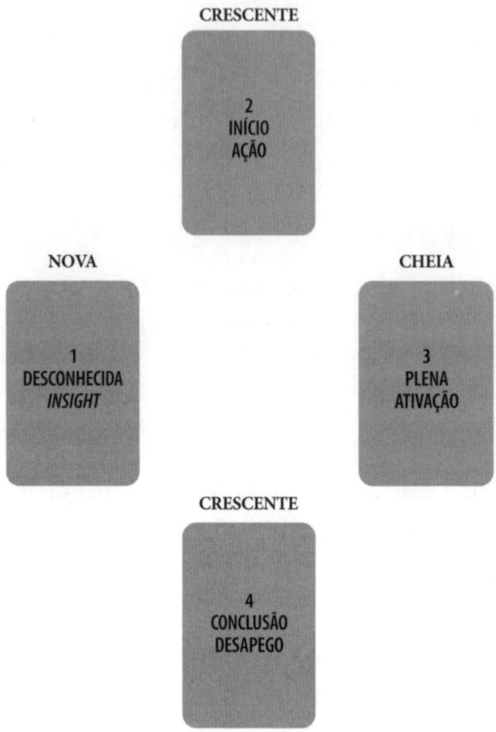
CRESCENTE
2
INÍCIO
AÇÃO
NOVA
1
DESCONHECIDA
INSIGHT
CHEIA
3
PLENA
ATIVAÇÃO
CRESCENTE
4
CONCLUSÃO
DESAPEGO

MENSAGENS DA LUA NOVA
1
2
3

A Lua

Ritual do Sol

O Portal do Sol

Alegria
Simplicidade
Atenção plena
Crescimento

A Sombra do Sol

Incapacidade de aproveitar os prazeres simples
Leva a vida ou a si mesmo muito a sério
Crítico em relação a si mesmo e aos outros

A Preparação do Sol

Encontrando a Intenção – Sabedoria do Corpo

Brinque, dance, corra ou caminhe ao ar livre.
Considere jogar jogos físicos como queimada, quatro cantos ou pular corda.
Encontre uma maneira de estar imerso em uma atividade relaxante e prazerosa.
Pergunte ao seu corpo como ele sente a liberdade.

Encontrando a Intenção – Sugestões de Escrita

Examine o baralho. Pegue todas as cartas que simbolizem o tipo de alegria que você gostaria de vivenciar na sua vida. Escreva um ou dois parágrafos por carta sobre o prazer que cada uma sugere.
O que crescerá sem a sua interferência?
O que cria felicidade na sua vida?
Quando foi a última vez que você brincou?

ENCONTRANDO A INTENÇÃO – JORNADA

"Estou num caminho. O Sol começa a nascer à frente. Seus raios são longos e se estendem. * Caminho em direção a esse belo corpo celestial. Logo sou acompanhado por um lindo cavalo branco. Sinto que essa criatura me convida a montá-la. * Entramos numa área verde com girassóis, cercada por uma antiga muralha cinza. * Sinto um calor e uma vitalidade crescentes à medida que o Sol aos poucos se eleva. Meu corpo está feliz. * Ergo meus braços e recebo os raios de luz. * Ouço risadas por perto, assim como os sons de pessoas satisfeitas. * Estou seguro. Estou vivo."

A Intenção do Sol

Preste atenção a gatilhos ou lembranças de solidão, desconexão ou depressão que podem ter surgido durante a fase de preparação. A magia do Sol pode muito bem curar feridas e dores antigas. Muitas vezes, a carta do Sol apresenta a imagem de uma criança. A intenção pode vir desse lugar de inocência.

Sugestão de Ritual do Sol

Antes de dar início ao Ritual de Invocação do Círculo, examine o seu tarô em busca de qualidades, energias e dons desejados que reflitam a intenção. Agora passe pelo baralho novamente em busca das cartas que refletem caminhos que podem obstaculizar o potencial da intenção. Em uma folha grande de papel, desenhe um círculo. Dentro dele, escreva a intenção completa e algumas palavras sobre cada uma das cartas desejáveis. Do lado de fora do círculo, escreva os gatilhos indesejados e suas descrições. Abra os quatro quadrantes na Invocação do Círculo. Ao tomar seu lugar no centro, leia em voz alta a intenção e as qualidades desejadas. Faça um sacrifício simbólico das qualidades indesejadas, cortando cada uma delas até que apenas o círculo permaneça. Seja criativo com aquilo que você não quer – enterre, rasgue ou queime. Mantenha o círculo até o próximo evento solar significativo, como um equinócio ou solstício.

Ritual do Julgamento

O Portal do Julgamento

Cura
Ordens a cumprir
Renovação
Karma

A Sombra do Julgamento

Negar sua verdadeira vocação
Ausência de propósito
Sentir-se paralisado ou preso

A Preparação do Julgamento

Encontrando a Intenção – Sabedoria do Corpo

Adote um procedimento meditativo, como meditação guiada dos chakras ou mesmo um livro de colorir de anatomia.

Aprenda mais sobre seu corpo. Um acupunturista, curandeiro, fitoterapeuta ou algum outro profissional de modalidade alternativa pode lhe oferecer novas percepções.

Pergunte ao seu próprio corpo como ele quer que você confie em seu processo de cura.

Encontrando a Intenção – Sugestões de Escrita

Pense em qual pode ser a trajetória de sua vida deste ponto até o dia de sua morte. Retire três cartas sobre as possibilidades que você tem para usar bem esse tempo.

Você tem uma forte sensação de renovação? Se não, quando foi a última vez que se sentiu assim?
Descreva a iniciação ou rito de passagem que você está vivenciando no momento.
Como o Sagrado Criativo está chamando você?
O que ou a quem você serviria sem hesitação?
O que retornou numa nova forma?

Encontrando a Intenção – Jornada
"Estou em pé num caminho. Sinto-me um pouco estranho. O Sol traz o calor necessário enquanto começo a caminhar. * Observo os arredores, que estranhamente parecem com algum outro planeta. * Ouço uma bela melodia a distância. Ela vai ficando mais alta. Não tenho certeza se é parte da própria natureza ou se a música está sendo tocada. * Enquanto caminho, sinto-me leve, alongado e solto por inteiro. Meus pés mal parecem tocar o chão. * Tenho certeza de que o som vem das nuvens à frente. Começo a flutuar. * Subo até as nuvens. Outras formas estão fazendo o mesmo. * Vejo visões poderosas do meu destino. Entro nesse sonho. * Lembro-me de que sou espírito. Nossas formas parecem se dissolver em partículas de luz. Retorno ao amor. * Perco completamente a noção do tempo. * Como se estivesse acordando de um sonho, acabo voltando ao meu corpo. Desço com facilidade e toco o chão. * Agora ouço a melodia dentro do meu coração enquanto caminho de volta ao ponto de onde apareci."

A Intenção do Julgamento

Para que qualquer estratégia eficaz possa ser implementada, é preciso ter uma visão. Mergulhe fundo em si mesmo para criar uma visão de uma vida amada. Use o Julgamento como um portal para direcionar melhor a sua energia e o seu tempo.

Sugestão de Ritual do Julgamento

O Julgamento traz um portal específico para um rito de passagem significativo. Dentro da Invocação do Círculo, nomeie os quatro quadrantes como quatro aspectos desta intenção. Por exemplo: o Leste é a consciência inicial, o Sul é a progressão ou desafio da intenção, o Oeste é a transformação necessária e o Norte é a manifestação completa. O centro é a integração de todos esses aspectos. Escolha uma carta de tarô para cada um desses pontos. Reserve um tempo para ouvir o chamado. O que está sendo pedido a você?

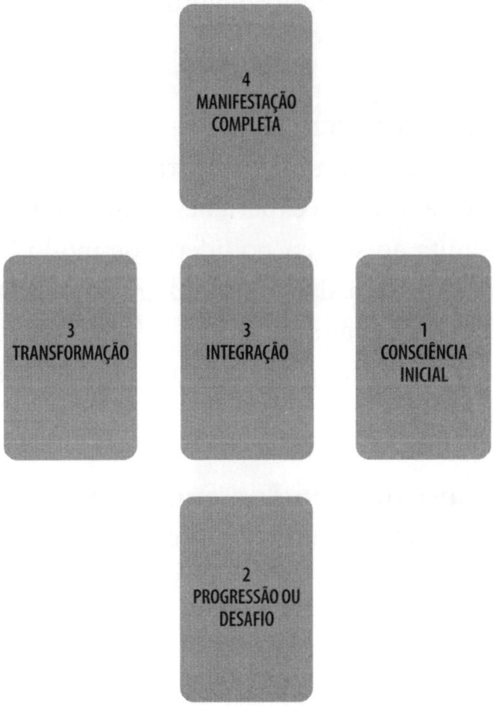

O Julgamento

Ritual do Mundo

O Portal do Mundo

Integração
Conclusão
Serviço

A Sombra do Mundo

Síndrome do impostor
Evita a quietude
Não consegue sentir realização por um trabalho bem-feito

A Preparação do Mundo

Encontrando a Intenção – Sabedoria do Corpo

O arcano maior do Mundo demonstra com ousadia a unidade de um espírito vivendo uma experiência humana. Encontre uma prática que permita ao seu corpo liderar de modo livre e profundo. Movimento Autêntico, dança em cadeira, improvisação de contato e butô podem ser benéficos.

Peça ao seu corpo para revelar por que ele é a forma mais perfeita do seu espírito.

Encontrando a Intenção – Sugestões de Escrita

Embaralhe apenas os arcanos maiores. Disponha-os todos virados para cima em uma única linha longa. Essa sequência aleatória fala sobre o seu desenvolvimento espiritual atual. Escreva sobre ele.

Que ciclo terminou ou começou?

Como o mundo externo reflete o seu mundo interior?

Como você descreveria atualmente seu domínio de si mesmo?

Encontrando a Intenção – Jornada

"Estou no final de uma jornada muito longa. * Surge um caminho que leva à beira de um penhasco. Vou devagar em direção ao precipício. Contemplo a vista panorâmica de uma paisagem acidentada abaixo. * Lembro-me de todas as pessoas e lugares que amei. * Meu coração bate forte a cada memória e respiração. * À medida que minha gratidão cresce, vejo uma imagem de mim mesmo como um espírito puro no céu à minha frente. * Tenho uma clara percepção deste ponto atual da minha vida. Sei como cheguei aqui. Sei para onde gostaria de ir a seguir. * O espírito para, mas há movimento. Sinto-me vibrar como pura energia. * Sou um comigo mesmo, com minha vida e com a fonte."

A Intenção do Mundo

As crenças autolimitantes criam um estado de separação. Crie uma intenção que transforme as crenças condicionadas em um sentido afirmativo de si mesmo. Ser verdadeiramente guiado pelo espírito é uma questão de autocuidado, integridade e curiosidade.

Sugestão de Ritual do Mundo

Escolha de cinco a sete cartas que representem o cumprimento da sua intenção. Faça a Invocação do Círculo. Os quatro quadrantes simbolizam o mundo elementar: Ar – anjo, Fogo – leão, água – águia e Terra – boi. Fique no centro como espírito – o dançarino. Leia sua intenção em voz alta três vezes. Segure uma das cartas de tarô escolhidas. Visualize uma luz brilhante da própria carta. Imagine a luz passando pelos quatro cantos da Terra e atraindo as pessoas e experiências necessárias. A jornada da luz termina em seu coração. Deixe que ela abençoe você e essa intenção. Repita com todas as cartas escolhidas. Deixe que a cor da luz mude com cada uma. Você é o centro, o cocriador e o destinatário. Vá devagar. Use também o corpo, se possível. Após o ritual, tome nota das percepções mais fortes e viscerais.

Resumo

Neste capítulo, exploramos cada arcano maior como um portal de sabedoria, poder e magia. O modelo dos 22 Atos de Magia contém várias sugestões, perguntas, descrições e ideias para obter a magia necessária por meio de uma intenção bem elaborada. As sugestões tanto para o ritual quanto para o uso do tarô são apenas isto: sugestões. Que elas inspirem rituais criados e dirigidos pela sua própria orientação.

Capítulo Cinco

RITUAIS DE APROFUNDAMENTO PARA O TARÓLOGO

Os rituais dos arcanos maiores do capítulo anterior são passagens simbólicas através de portais poderosos. Neste capítulo, serão apresentados rituais e ideias para desenvolver a autoconsciência e o crescimento, o portal do eu. Trabalhar com ferramentas de adivinhação, como o tarô, exige que a pessoa esteja centrada no próprio corpo, mente e espírito. Também há rituais que honram outras vidas, Ancestrais Amados, sonhos, Aliados Divinos e o seu Eu Predestinado, aquele que você nasceu para ser. Vamos começar com a mesa de ferramentas do mago – o altar.

Os altares criam um centro visual de mistério tangível. Essa área designada reserva espaço para o Sagrado Criativo como uma peça fundamental para os rituais. Um tema sazonal para o altar, que inclua objetos simbólicos, como fotos de entes queridos, pedras, terra de locais amados e sua carta do tarô do dia (CDD, p. 57), cria um foco diário para a gratidão. A primeira decisão é encontrar o local certo. Qualquer lugar onde você fique rotineiramente é proveitoso. Eu tenho um pequeno altar na cozinha. Ele fica diretamente visível enquanto lavo a louça. As pessoas tendem a montar altares no quarto, já que esse é, em geral, o cômodo mais privado. No entanto, o quarto às vezes é complicado. Se você perder o sono ou começar a ter sonhos muito estranhos, encontre outro lugar. Um altar portátil é ótimo, pois pode ser colocado em qualquer lugar e é acessível para uso ritual. Pense na ideia de criar um altar com uma caixa de sapatos ou algum tipo de suporte.

Outro gesto para que o mistério se torne mais consciente é invocar um guia. Seja ele um ente querido que já partiu, um Aliado Divino, um ser angelical, um totem animal, um Ancestral Abençoado ou todos os anteriores, nosso espírito sempre trabalha em conjunto com alguém ou algo mais. Diferente de nossa natureza humana, que tende a viver na separação, nosso espírito existe em unidade com a fonte do amor. Usar o Poder do Faz de Conta ajudará muito, pois é um salto de fé confiar naquilo que não podemos ver ou tocar. O Ritual do Guia, a seguir, auxiliará nesse processo.

Ritual do Guia

A estrutura desse ritual é baseada na Invocação do Círculo (p. 37). Aborde o ritual como um iniciado. Você pode vestir algo simbólico, como uma roupa branca ou um acessório de seus ancestrais. O que alguém usaria para conhecer um novo amigo? Depois de ter aberto as direções e se acomodado no centro, peça a um Aliado Divino para se juntar a você. Esteja aberto a quem quer que venha ajudá-lo a navegar numa vida guiada pelo espírito. Quando sentir uma energia de confiança e segurança, peça que se identifique, perguntando seu nome e imagem. Não questione nem duvide da resposta.

Quando leio o tarô para meus clientes, muitas vezes sinto a presença de um grupo de guias. O grupo parece mudar de acordo com as diversas fases de aprendizado do consulente. Esse tipo de comitê divino é uma maneira mais ampla de perceber como o seu espírito é apoiado e conectado. Em vez de chamar um guia, chame todas as influências amorosas que atuam hoje em sua vida. Enquanto estiver no centro, relaxe com respirações lentas, silenciosas e suaves por cinco a dez minutos. Imagine-se num grande espaço. Chame aqueles que estão ao seu lado vindos de outros domínios. Abra sua mente e coração para receber vários guias. Quem você gostaria que entrasse? Usar a imaginação pode parecer forçado, mas abrir um espaço sagrado e permitir que formas de amor o protejam e abençoem é um caminho direto. Esse comitê o servirá bem se você puder acessá-lo regularmente, seja através da meditação, seja mediante pedido em momentos de necessidade. Aterrar-se (p. 31) e trazer os guias à mente antes da adivinhação ou durante um ritual é uma combinação poderosa. Passe algum tempo com um ou com todos eles no início do dia para obter orientação ou no final do dia em gratidão. É mais fácil visualizar o apoio espiritual com a ajuda de um altar e a parceria de guias divinos.

Seu bem-estar é de grande importância. Na abundância de ofertas de crescimento e desenvolvimento pessoal, a exploração chamada Processo Hoffman é um aprendizado poderoso sobre o eu. Essa técnica, que dura uma semana, foca na liberação da vergonha absorvida na infância e valoriza uma vida guiada pelo espírito. Um dos princípios subjacentes do Processo Hoffman é que somos compostos por quatro partes: o espírito, o intelecto, o eu emocional e o corpo. O termo usado para isso é "Quadrinidade". O ritual a seguir é uma variação do Processo Hoffman para honrar essas quatro esferas todas as manhãs.

Ritual da Quadrinidade

O corpo, o intelecto, o eu emocional e o espírito dançam juntos. A dança é harmoniosa quando o espírito lidera. Logo após acordar, sente-se em silêncio com suas cartas. Tome consciência do seu corpo. Faça uma varredura corporal para identificar qualquer sensação, como tensão ou formigamento. Observe, sem julgamento, todas as maneiras como seu corpo trabalha para você. O que seu corpo parece estar experimentando? Pergunte se há algo que seu corpo quer ou precisa de você hoje. Depois de receber uma sensação, pensamento, imagem, cor ou qualquer coisa que venha como resposta, tire uma carta e coloque-a virada para baixo. Agradeça ao seu corpo em voz alta.

Devagar, desloque sua atenção para o seu intelecto. É provável que este eu tenha uma aparência idêntica à sua, mas é composto de puro pensamento, memória e comunicação. Que cena tem se repetido em sua mente? Pergunte ao seu intelecto o que ele precisa ou quer de você hoje. Tire uma carta assim que perceber o pedido. Não se surpreenda com respostas estranhas. Você não está no controle, é apenas uma espécie de jornalista cósmico. Agradeça ao seu intelecto em voz alta por ser seu navegador no mundo.

Com suavidade, desloque sua atenção para o seu eu emocional. Esse aspecto de suas emoções e visão também pode se parecer com você, mas talvez numa idade diferente. Se o seu coração fosse um ator no palco, que cena estaria sendo revelada? Pelo que seu corpo tem passado ultimamente? Pergunte o que seu eu emocional quer ou precisa de você hoje. Escolha a carta virada para baixo que parecer mais próxima da energia da resposta. Agradeça ao seu eu emocional por processar a vida.

Respire. Deixe que cada respiração se torne uma bela luz que preenche todo o seu ser. Essa luz é o seu espírito. Quando sentir que está imerso nessa luz, qual mensagem seu espírito tem para você hoje? Escolha uma carta virada para baixo. Agradeça ao seu espírito.

Sinta a mão do seu guia em seu ombro. Permita-se sentir seu apoio por completo. Peça uma mensagem que você possa usar hoje. Tire uma carta. Agradeça-lhe.

Agora, reserve alguns minutos para virar as cartas, mantendo-as em ordem. Deixe que cada uma afirme ou reforce as respostas dos vários aspectos. Algumas podem oferecer mensagens diferentes. Esse ritual por si só pode ser uma prática espiritual fundamental se as mensagens recebidas ao longo do dia forem integradas.

Quadrinidade

Existem outras maneiras de estar presente como espírito e como ser humano. O corpo é a forma do espírito. Ele é a estrela de cinco pontas, o pentagrama. O corpo com o espírito é uma dança de matéria e energia. Ao longo dos séculos, uma das estruturas do corpo e do espírito que mais se firmou é a dos chakras. Originários da filosofia indiana antiga, os chakras são centros de energia profundos no núcleo do corpo, ao longo da coluna vertebral e atravessando a cabeça. Considere os chakras como cruzamentos nos quais aspectos mentais, emocionais e energéticos se encontram. Cada um dos sete chakras não apenas tem seu próprio som e localização, mas também sua cor e seu símbolo.

Primeiro Chakra

Vermelho
Base da coluna vertebral
Terra, apoio dos ancestrais, suporte, trabalho, recursos, fundação

Segundo Chakra

Laranja
Do Sacro
Sexualidade, criatividade, expressão

Terceiro Chakra

Amarelo
Logo abaixo do umbigo
Vontade, direção, poder

Quarto Chakra

Verde
Coração e centro do peito
Tudo e todos, fonte, dar e receber amor

Quinto Chakra

Azul-celeste
Garganta
Verdade, comunicação, devoção, voz

Sexto Chakra

Índigo
Terceiro olho
Sabedoria, percepção, imaginação, visão

Sétimo Chakra

Violeta
Coroa
Consciência, conexão com o Sagrado Criativo

Ritual dos Chakras

Os chakras, em si, são portais. Neste ritual, cada um de seus aspectos – cor, som ou tema – será um ponto de entrada para cada chakra. Para começar, reserve quinze ou trinta minutos e fique confortável numa posição sentada ou deitada com as cartas por perto. Foque nos chakras um a um, imaginando cada um como uma pequena esfera de sua cor em seu local. Considere seu tema enquanto respira naquele espaço. Durante a meditação, permita que mensagens e imagens venham à tona.

Retire uma carta para cada chakra quando terminar de visualizá-lo. Interprete as cartas ao final de toda a meditação. As cartas escolhidas refletirão uma visão sobre o estado atual daquele centro de energia específico e sobre o seu ser como um todo.

Coloque as cartas escolhidas na ordem dos chakras em uma linha longa. Olhe para o padrão geral primeiro. Note qualquer naipe, família ou número que esteja completamente ausente. O que está faltando é tão importante quanto o que apareceu, pois indicará uma necessidade de equilíbrio geral. Em seguida, preste atenção às suas sensações imediatas com cada carta. Se uma delas parecer particularmente preocupante, será que está refletindo aquela área em sua vida? Por exemplo, se você escolheu a carta da Torre para o chakra da garganta, isso pode indicar a necessidade de falar sobre algo que o tem incomodado. Os arcanos maiores podem mostrar grandes quantidades de energia, enquanto as cartas da corte podem se referir a alguém que exerce uma influência forte naquela esfera.

Chakras

Outra conexão orgânica entre nosso espírito e nosso eu humano é o mundo dos sonhos. O ritual a seguir, projetado para ajudá-lo a desenvolver essa conexão, exigirá uma quantidade considerável de sono. A falta de sono prejudica a regeneração da mente. Por isso, acrescente algumas horas ao seu regime de sono, se possível, antes de realizar esse ritual.

Ritual dos Sonhos

Escreva sua pergunta ou pedido em um caderno e coloque-o perto da sua cama. Tire uma carta. Não tente entender a mensagem. Confie que essa carta será uma entrada para o que será ilustrado em seu sonho. Esteja preparado para escrever ou gravar o sonho enquanto estiver meio adormecido; recomenda-se que você o registre assim que acordar. Isso pode acontecer às três horas da manhã. Esse parece ser um horário mágico para despertar. Não deixe de escrever como você se sentiu durante o sonho, pois isso é essencial para a percepção necessária.

Num momento posterior, desconstrua o sonho em colunas. Na primeira coluna, faça um esboço sequencial do sonho, apontando os eventos individuais que ocorreram e as pessoas ou outros seres presentes nele. Na segunda coluna, escreva a primeira coisa que vier à mente sobre cada item da coluna um. Tire uma carta aleatória para cada componente do sonho e registre isso na terceira coluna. Essas camadas de significado apresentarão a mensagem do sonho usando seu inconsciente, consciente e a contribuição cósmica.

Exemplo

Quero saber sobre um projeto colaborativo futuro. Recebi o Dois de Espadas antes de dormir. Sonhei que estava entrando num cinema. A plateia do filme era composta por cães azuis. Cada cão estava usando um fez.[3] Me senti levemente surpresa.

---

3. Chapéu turco em feltro, também conhecido como *tarbush*. (N. do RT.)

ITEM DO SONHO	MEU PENSAMENTO INICIAL	CARTA ESCOLHIDA
Ir ao cinema	Escapar do mundo	Sete de Paus
Cinema	Minha mente	Seis de Copas
Plateia	Observadores	Três de Paus
Cães	Circo	Valete de Ouros
Azul	Céu	O Imperador
Fez	Steely Dan	O Eremita

Primeiro, o Dois de Espadas refletiu meu sentimento de que o projeto estava num impasse. Me sentia como se estivesse esperando por instruções. Quanto às cartas tiradas para cada item do sonho:

1. Ir ao cinema; escapar do mundo; Sete de Paus: Há muitas ideias criativas circulando, mas nada ainda parece real. Estamos apenas fingindo?
2. Cinema; minha mente; Seis de Copas: Preciso ir a um lugar tranquilo dentro de mim para que eu possa criar e compartilhar minhas ideias com facilidade.
3. Plateia; observadores; Três de Paus: Esse projeto terá uma magia própria e atrairá muitas pessoas.
4. Cães; circo; Valete de Ouros: Nosso público está disposto a correr riscos. Eles são jovens, leais e apreciam o absurdo.
5. Azul; céu; o Imperador: Não subestime a inteligência deles. Seja o mais criativa possível.

6. Fez; Steely Dan; o Eremita: Esse projeto se destaca em termos de estilo. Também tem uma vibração incrível e é profundo.

Esse exercício me ajudou a valorizar minhas próprias contribuições para o projeto. As mensagens dizendo que o projeto é uma ideia nova criaram um novo senso de confiança. Consegui me libertar da sensação de estar presa.

Sonhos em combinação com as cartas podem criar conexões poderosas que poderiam ter sido descartadas como mera imaginação. Se podemos nomear, podemos reivindicar!

Ritual da Luz/Sombra/Escuridão

Um ritual que pode ajudar a descobrir conhecimentos ocultos se dá por meio da utilização dos seus lados de luz, de escuridão e de sombra. Esse ritual específico é eficaz durante os solstícios e equinócios. Seja feito como um exercício ou num espaço sagrado usando o ritual de Invocação do Círculo, esse processo revela informações do inconsciente.

Reserve um tempo para se aterrar. De forma consciente, separe todo o baralho em três grupos: o Eu de Luz, o Eu de Sombra e o Eu de Escuridão. Defina essas três classificações você mesmo ou use as definições a seguir:

- O Eu de Luz – Todos os aspectos de amor, confiança, segurança e alegria.
- O Eu de Sombra – O desconhecido ou habilidades, dons e crenças ocultos.
- O Eu de Escuridão – Necessidades egoístas, desejos e poder.

Existem três maneiras de processar esses grupos para uma melhor compreensão de si mesmo. A primeira é examinar cada grupo e listar palavras ou frases que pareçam se destacar. É provável que os temas se repitam. A segunda, selecionar de forma aleatória uma carta de cada grupo. Identifique os padrões gerais de sua energia atual olhando para as três cartas em conjunto. O terceiro método é escolher de modo intencional uma carta do grupo do Eu de Luz que represente algo que você realmente deseja experimentar. Escolha a carta do grupo do Eu de Sombra que é mais confusa ou desconcertante. Escolha, do grupo do Eu de Escuridão, uma carta que o assuste ou intimide. Como essas três cartas se relacionam entre si? Deixe que todas as três falem com clareza do que é necessário em sua vida.

Luz/Sombra/Escuridão

Espero que o tarô esteja se tornando uma espécie de GPS potente para direcionar energia e foco em amar a sua vida. Como talvez você tenha experimentado no ritual da Luz/Sombra/Escuridão, percepções e padrões ocultos são revelados. Com consciência, uma integração eficaz pode acontecer.

Ritual da Visão

Uma vida guiada pelo espírito necessita de um foco atento e de uma autoconsciência eficaz. O Ritual da Visão proporciona a criação desse compromisso para revelar seu verdadeiro potencial, assim como aqueles descobertos pelo Ritual da Luz/Sombra/Escuridão.

Escolha cartas do seu baralho que representem como sua vida poderia ser se certas situações ou padrões autolimitantes terminassem. Como seria a vida sem os padrões crônicos atuais, relacionamentos insatisfatórios com você mesmo e com os outros, ou um estado de inquietação? Restrinja essa seleção às necessidades e aos desejos essenciais para viver uma vida sem arrependimentos. Você pode usar as informações que reuniu no Ritual da Luz/Sombra/Escuridão. Nos próximos dias, escreva sobre o dia ideal dessa vida imaginada.

Comece com o momento em que você acordar até o momento em que for dormir. Use as imagens, ideias e essências das cartas escolhidas. Os cenários imaginados devem ser gerais, sem mencionar nomes.

Por exemplo, eu escolhi o Três de Paus, o Dois de Copas e o Mundo. Meu dia ideal dessa vida futura envolveria acordar nos braços de uma pessoa amada. Nesse dia, preciso fazer um trabalho que seja satisfatório e com propósito. Começo a reunir as coisas para uma viagem a trabalho com colegas competentes no fim de semana seguinte. Estamos criando um sistema para tornar a adivinhação mais acessível. Se podemos "ver", podemos ser.

Após a visão, crie algumas etapas de ação ou um compromisso para tornar essa vida uma realidade. Essa declaração de visão pode ser pronunciada em voz alta todas as manhãs como uma afirmação poderosa. Também pode ser usada no ritual a seguir, que explora sua alma em diversas dinâmicas – o Ritual da Casa da Alma.

Se somos, de fato, um espírito vivendo uma experiência humana, será possível que o eu humano seja composto por mil eus? Imagine os vários papéis que você desempenha numa vida: irmão, parceiro, trabalhador, amante etc. Multiplique esses papéis, ou "eus", ao longo de várias vidas. Visualize cada uma dessas experiências como tão necessárias e completas que aparecem como seres tridimensionais. Por exemplo, qualquer problema crônico pode indicar um trauma pessoal desta vida ou de alguma outra vida. Usando o Poder do Faz de Conta, faça com que essa questão assuma a aparência de um eu psicológico real com o qual você possa dialogar para compreender melhor a origem do desconforto. Como um grupo, esses eus residem em sua alma. A cada vida, todas as experiências são registradas. Acessar isso de uma maneira mais visual é ver todas essas personalidades como elas residem em sua própria Casa da Alma.

A Casa da Alma contém todas as experiências e lições da sua alma de cada encarnação, tanto passadas quanto futuras, além da presente. É uma ala pessoal imaginária da biblioteca dos registros akáshicos, um conceito metafísico de um repositório da jornada de cada alma através de todo o tempo. Você é a única pessoa que pode entrar nessa "casa."

Ritual da Casa da Alma

Antes deste ritual, faça o Ritual de Aterramento (p. 31). Elabore uma visão em duas a três frases ou use a do Ritual da Visão. Você entrará na Casa da Alma como sua encarnação atual para formar uma forte aliança com as partes de você que, com sorte, ajudarão sua visão a se tornar uma realidade verdadeira. Este é o elenco sagrado de um teatro interno. Dê a cada "eu" títulos amplos, como o amante, o assustado ou o cético. Você é o personagem principal apenas na medida em que tem um corpo e consciência. Seu objetivo principal é declarar com clareza sua visão do coração e perguntar o que os eus precisam ou desejam para ajudá-lo a alcançá-la.

Primeiro, considere os obstáculos conhecidos. Uma maneira de trazer à tona esses aspectos é observar as dúvidas ao ler a visão em voz alta. Uma dúvida comum diz respeito aos recursos necessários para nossos sonhos. Nesse caso, recomenda-se convidar o contador, o pobre, o cínico etc., para conversar com você na mesa de negociações. Outra consideração é convidar um ou mais eus que possam ter uma influência positiva na realização dessa visão. Se você deseja ter sucesso numa arte específica, pode chamar a estrela, o artista de uma vida passada, o *networker*, o mágico etc.

Quando tiver sua visão em mãos e determinado quais eus poderiam ser fortes aliados para realizá-la, espalhe as cartas viradas para baixo à sua frente.

Leia a jornada a seguir, fazendo uma pausa breve a cada asterisco. Como alternativa, faça uma gravação em áudio do texto e das pausas para reproduzir e assim manter os olhos fechados o tempo todo.

> "À medida que fecho os olhos, começo a respirar de forma mais lenta e profunda. É agradável começar a me sentir calmo. * Me imagino em pé e unido à terra. * Uma névoa começa a surgir. Ela me envolve com seu calor e plenitude. * A névoa me transporta de volta para uma das minhas primeiras encarnações neste planeta. * Experimento uma sensação de leveza. Após algum tempo, sinto-me descendo para o chão firme. * Lembro-me de uma incrível primeira conexão com a terra. A névoa começa a descer ao redor dos meus pés. * Uma estrutura começa a aparecer à minha frente. É uma casa. De início, ela se transforma em várias estruturas, como uma cabana, um templo e uma mansão. Eu respiro e espero. Ela acaba se estabelecendo como a minha própria Casa da Alma. * Foi criada quando minha alma foi criada. Vou até a entrada. * Antes de entrar, coloco as mãos sobre o coração e digo minha visão do coração em voz alta. * Entro na casa. Todos os eus estão cientes da minha entrada. Eles estão animados e curiosos. * Sou atraído para um cômodo que tem uma bela área de estar com pelo menos uma mesa redonda e duas cadeiras. * Entro no cômodo e me sento numa das cadeiras. * Neste momento, convido um eu que possa estar diretamente envolvido na esfera que precisa de mudança. Convido o ____________ a se juntar a mim. * Respiro e espero, paciente. Livro-me de todas as preconcepções sobre quem ele é ou com o que vai se parecer. * Ele entra e se acomoda. Eu o recebo. * Coloco a mão sobre o coração e digo minha visão do coração em voz alta. Digo-lhe que isso é importante

para mim. Vou precisar que ele venha comigo para que essa visão se torne realidade. Não deixarei nenhuma parte de mim para trás. * Pergunto: 'O que você quer ou precisa de mim para estar comigo por completo na criação dessa visão do coração?' * Após algum tempo, recebo uma imagem, mensagem ou visão. * Escolho uma carta entre as que estão espalhadas à minha frente para afirmar ou melhorar o pedido dele. * Se parecer correto, podemos seguir com um diálogo mais profundo, ou posso agradecer-lhe calorosamente e oferecer um presente. * Chamo o próximo eu de interesse. * Quando termino, deixo uma tigela de objetos bonitos (cristais, maçãs etc.) na mesa para sinalizar a todos os outros dentro desta casa que posso falar com eles em outra ocasião. * Deixo a Casa da Alma para retornar ao ponto onde cheguei. * A névoa se ergue ao meu redor e me transporta de volta ao meu tempo atual."

Como em qualquer ritual, fique atento para o surgimento de sonhos, mudanças ou sincronicidades nos dias seguintes. Sempre deixe espaço para o Sagrado Criativo responder de forma plena. Com esse ritual de muitos eus e outros, o tarô e o ritual servem como poderosos agentes de mudança nas perspectivas e nos comportamentos. A história ou as histórias em que acreditamos nos transformam.

Tiragem do Fim da História

Muitas vezes desejamos mudar o final de uma história, sobretudo aquelas de grande tristeza ou finais abruptos. Guardar rancor, culpar ou fugir são atitudes que mantêm vivas histórias tóxicas. Se você tem alguns capítulos ruins em seu passado, a Tiragem do Fim da História pode ser útil.

Pense em quaisquer eventos ou relacionamentos que tenham terminado no mundo, mas não no seu coração. Podem ser relacionamentos

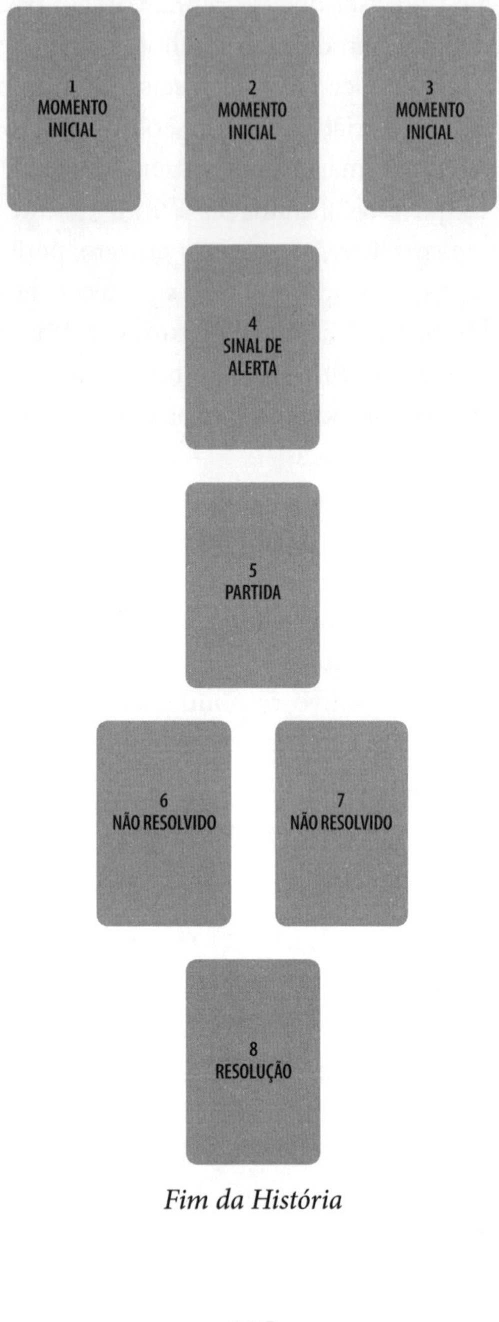

Fim da História

que você deixou, uma dinâmica de grupo tóxica que ainda machuca ou uma situação de convivência desconfortável que ainda o assombra de vez em quando. Você saiu, mas, no nível energético, a história não terminou. A dor, raiva ou confusão não foram resolvidas. Que evento ou relacionamento veio à mente primeiro?

A tiragem terá um total de oito cartas. Escolha com cuidado as três primeiras cartas que carregam a energia dessa história antes que as coisas começassem a dar errado; cada uma representa um momento em que você estava totalmente envolvido e possivelmente feliz. Escolha uma quarta carta para representar o momento do primeiro sinal de alerta, sensação de desconforto ou quando você soube que era hora de partir.

Agora, escolha três cartas aleatórias sobre seu estado de ser e circunstâncias relacionadas à partida. A quinta posição traz uma mensagem sobre a própria partida. A sexta e a sétima cartas falam sobre o que não ficou resolvido. Essas três cartas lhe darão uma noção de como a história continuou no âmbito energético.

Reviva todo esse episódio através da lente de todas essas cartas. O que mais o surpreendeu ao olhar para essa memória a partir das imagens? O que está sendo desencadeado? Permita que todos os sentimentos e sensações venham à tona com compaixão. O observador dentro de você precisa apoiar o que sente nessa história para que ela se transforme por completo. Essa tiragem vai além de apenas reunir novas informações. Ela traz à tona o que ainda precisa ser curado.

Tire a oitava e última carta para a resolução de que você precisa para, por fim, fechar (não bater) essa porta. Lembre-se de que todos têm sua parcela de responsabilidade, mas ninguém é culpado. Perdoe profundamente todos os envolvidos, inclusive você. Liberar lembranças dolorosas abre espaço para grandes histórias.

Ritual do Ancestral Amado

Algumas das histórias que alimentam seu bem-estar podem ser as de suas verdadeiras origens, dos ancestrais. Os Ancestrais Amados compõem suas quatro linhagens sanguíneas originais, tendo você como seu representante vivo. Os Ancestrais Amados também são aqueles da terra, da arte, do ativismo ou de outras linhagens estimadas. Esses são seus anciãos. Durante esses tempos de mudanças para nós e para os outros, precisamos nos reconectar mais do que nunca com nossos começos. Em todo o ritual, enfatize o título "Amado" dos ancestrais como uma barreira energética contra aqueles ancestrais que não estão bem ou que estão perdidos.

Faça a Invocação do Círculo (p. 37) como estrutura básica. Cada um dos quatro quadrantes representará suas quatro linhagens sanguíneas: as mães de sua mãe, os pais de sua mãe, os pais de seu pai e as mães de seu pai. Adicionar fotos, um mapa ou comida e bebida de suas origens ajudará na visualização. Se estiver honrando os Ancestrais Amados que não são de sua linhagem sanguínea, dê aos quadrantes os nomes que façam sentido para você. Coloque uma vela em cada quadrante.

Em cada estação, apresente-se formalmente, dizendo seu nome completo e sua posição na família: "Sou o filho de [nome completo dos seus pais ou dos seus substitutos escolhidos]." Acenda a vela com honra e humildade.

Assuma seu lugar no centro. Visualize uma caixa de acrílico ao seu redor. Ela servirá como proteção contra os ancestrais que podem ouvir seu chamado, mas não se classificam como amados, pois não encontraram seu caminho de volta para sua tribo querida. Respire fundo enquanto abre seu coração para cada direção. Tire uma carta para cada direção. Essas cartas servirão como mensagens diretas daquele conjunto de ancestrais.

Depois de receber as quatro mensagens, sente-se no centro. Foque em seu primeiro chakra, na base da coluna. Liberte qualquer medo, preocupação e crenças indesejadas. Reserve um tempo para estar completamente aberto às quatro mensagens. Mantenha-se aberto e curioso. Peça o apoio e as bênçãos dos Ancestrais Amados para ser seu verdadeiro representante. Quando sentir que terminou, agradeça a cada grupo enquanto se desloca no sentido anti-horário, apagando as velas. As quatro cartas escolhidas podem revelar mais informações em um momento posterior. Mais uma vez, mantenha-se atento a mudanças, transformações e sonhos nas próximas semanas.

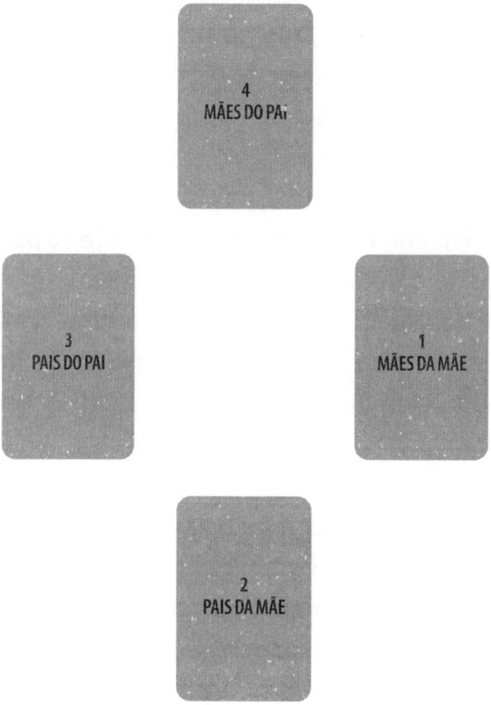

Ancestral

Ritual do Eu Predestinado

Falamos sobre o seu eu, seus muitos eus e seu eu ancestral. Há mais um "eu" que pode oferecer orientações úteis: o seu Eu Predestinado. Esse eu futuro manifestou o destino desta vida a partir deste momento. Não é quem você se tornará agindo por padrões, mas sim com amor destemido.

Escolha um momento especial para realizar esse ritual, como seu aniversário ou um alinhamento astrológico relevante. Coloque todos os arcanos maiores voltados para cima em um grande círculo ao redor do assento central. Mantenha os arcanos menores em uma pilha ao seu alcance. Faça o Ritual de Invocação do Círculo (p. 37) como estrutura básica; crie um espaço sagrado abrindo os quadrantes. Dirija-se ao centro, de frente para a carta do Mundo.

Programe um *timer* de quinze minutos. Vá para dentro de si enquanto imagina estar viajando até seu eu futuro. Imagine e peça para encontrar seu Eu Predestinado no dia anterior à sua morte. Use o Poder do Faz de Conta para imaginar quem você seria nesse último ponto de sua vida se vivesse destemidamente no amor a partir da sua idade atual. Liberte-se de quaisquer medos ou equívocos sobre sua aparência ou poder.

Uma vez que você consiga imaginar esse encontro, é bom que tenha um diálogo tranquilo. Se você não tiver perguntas próprias, considere perguntar a ele o que você está fazendo hoje em dia que está totalmente alinhado, fora de curso ou completamente errado para se tornar essa pessoa. Tire uma carta para cada um desses focos para ajudar a afirmar a mensagem em um momento posterior. Retorne da meditação assim que o tempo estipulado acabar. Feche o círculo com gratidão. As cartas escolhidas afirmam as mensagens recebidas ou trazem novas percepções.

A primeira vez que conheci meu eu futuro, eu tinha 50 anos. Ela me chamou de jovenzinha. Comparada a ela, eu realmente sou jovem. Isso mudou para sempre meu conceito de ser velha. Com essa nova percepção, percebi que tinha começado a pensar em "velhice". Decidi me exercitar mais, mudar minhas roupas e usar sapatos bonitos.

Resumo

Este capítulo apresentou rituais que vão além da sua compreensão racional e consciente. Gestos simbólicos, como construir seu próprio altar, pedir um guia específico ou um comitê de guias, e a prática espiritual do Ritual da Quadrinidade fortalecem o foco diário de ser guiado pelo espírito. Sistemas como os chakras, a interpretação de sonhos e o trabalho com a sombra trazem à tona necessidades inconscientes. O Ritual da Visão é uma afirmação para criar a vida que você deseja. Você negocia sua verdadeira visão com vários aspectos de si mesmo para uma melhor conscientização e integração no Ritual da Casa da Alma.

Uma grande quantidade de energia pode ser transformada com a Tiragem do Fim da História e reunindo-se com nossas raízes no Ritual dos Ancestrais Amados. O ritual final é o encontro e a coleta de conselhos do seu eu futuro que de fato cumpre seu destino.

Capítulo Seis

RITUAIS DE LEITURA PARA OUTROS

Somos tanto o contador de histórias quanto a história a ser contada. Os rituais do capítulo anterior trouxeram à tona histórias que precisam ser criadas, liberadas ou mudadas. Neste capítulo, os rituais são projetados para revelar as histórias dos outros. De início, vamos explorar a necessidade de manter limites importantes e conhecer nossos preconceitos por meio da Tiragem Livre de Viés e do Ritual do Zíper. O restante do capítulo contém tiragens e rituais sob a égide dos seis princípios, uma base poderosa para qualquer tipo de trabalho de adivinhação ao ler para outra pessoa.

A adivinhação é uma forma própria de comunicação e existem três diferenças significativas em relação ao nosso diálogo diário. Primeiro, normalmente, quando conversamos uns com os outros, esperamos que a conversa faça sentido. É improvável que você tenha uma conversa incoerente por muito tempo. Segundo, há momentos em que esperamos que o outro justifique ou explique sua posição. Essa necessidade de clareza é útil sobretudo se houver confusão ou necessidade de mais informações. Se um amigo ligasse e apenas dissesse que está bastante chateado, você naturalmente faria perguntas. Terceiro, ambas as pessoas na conversa precisam saber por que estão participando. Há uma expectativa de ação, um convite ou apenas uma conversa superficial?

A comunicação divina é o oposto dessas expectativas conversacionais. Primeiro, a conversa divina nem sempre faz sentido. Ela pode fazer perfeito sentido seis meses depois, mas nem sempre no momento presente. Segundo, o leitor não pode verificar a origem da informação se a informação intuitiva flui com as interpretações das cartas.

A última diferença em relação à conversa tradicional pode ser a mais desafiadora para o tarólogo. Podemos ser capazes de detectar padrões do Sagrado Criativo, mas a interpretação não pressupõe a compreensão do espírito. Tanto o leitor quanto o consulente saberão o que realmente desejam; no entanto, o leitor não pode estar apegado a nenhum resultado. Por exemplo, se um consulente estiver nervoso com a possibilidade de perder o emprego, não pressuponha que esse cenário seja ruim. Não sabemos o que o espírito tem reservado para ele. A comunicação divina, como uma reunião de mensagens de padrões mais profundos, é muito diferente de realizar o trabalho da alma do outro. O tarólogo deve abordar todas as respostas sem querer enquadrar as mensagens como boas ou ruins. Manter um espaço de neutralidade é fundamental. O aterramento é essencial para criar essa capacidade.

Tiragem Livre de Viés

Manter a consciência dos próprios vieses é uma habilidade valiosa a ser desenvolvida. Ao rotular cartas como positivas ou negativas, revelamos nossos próprios preconceitos. Assim como as pessoas, todas as cartas têm pontos fortes e fracos. Barbara Moore, autora e criadora prolífica de tarôs, criou a Tiragem Livre de Viés para desafiar as projeções.

Aplique a Tiragem dos Caminhos (p. 61) como estrutura básica. A Tiragem Livre de Viés é uma disposição poderosa para considerar várias opções, como, por exemplo, para onde se mudar. Para começar, escreva cada uma das escolhas viáveis em pedaços de papel separados. Você pode, se quiser, acrescentar um papel representando um mistério desconhecido. Dobre os papéis para que o texto fique oculto. Embaralhe-os bem e coloque-os dobrados em uma linha vertical.

Peça ao consulente para embaralhar as cartas enquanto se concentra em suas opções. Peça que ele coloque uma carta virada para baixo acima de cada um dos pedaços de papel. Cada carta fornecerá uma mensagem sobre o provável resultado daquela escolha específica. Obtenha uma noção clara dos resultados lendo as cartas primeiro. Depois que todas as cartas tiverem sido examinadas, abra cada pedaço de papel para revelar os locais específicos. O ritual não apenas contorna vieses, mas também mostra claramente uma série de caminhos.

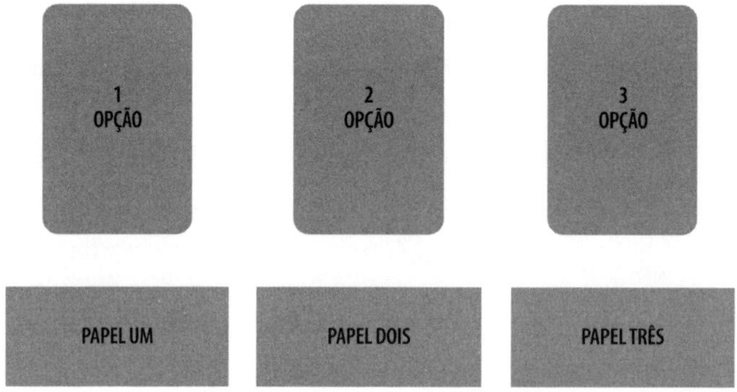

Livre de Viés

Ritual do Zíper

Limites eficazes são necessários para criar segurança e neutralidade, contornar preconceitos e manter a vitalidade energética. Seja ao ler para alguém de forma presencial, seja por telefone ou internet, sempre há uma troca de energia. O formato pode variar, mas os limites precisam ser estabelecidos para que a energia conserve a vitalidade e a perspicácia. Um conceito que pode ajudar a não tentar consertar ou melhorar os outros é considerar que, de fato, todos estão se curando da maneira que podem neste momento. Limites fortes aumentam a capacidade de ser gentil, curioso e verdadeiro.

Os limites energéticos se estendem também ao corpo. Uma das sabedorias mais valiosas que já recebi como taróloga é a técnica dos chakras a seguir.

Os três primeiros chakras (p. 135-36) são pessoais e privados. O quarto chakra, o coração, é ponto de conexão com todos os outros e pode dar e receber amor de maneira segura. Antes de ler para outra pessoa, imagine um zíper invisível gigante que vai do seu assoalho pélvico até o topo da sua cabeça. Visualize-se, com o olho da mente, fechando seus primeiros três chakras (o da raiz, o do sacro e o do plexo solar), até chegar ao seu chakra do coração. O coração, o centro de unidade e conexão para todos nós, é projetado para uma reciprocidade vital. Você pode, se quiser, levar isso um passo adiante e visualizar um raio verde entre os centros do seu coração e do consulente.

Os Seis Princípios

Com uma forte conexão com as cartas e algumas proteções energéticas em vigor, ler para outra pessoa pode ser uma experiência transcendental. Os Seis Princípios consistem em uma série de rituais e tiragens que proporcionam uma sequência prática para qualquer forma de adivinhação. Esses seis princípios são: Aterramento, Intenção, Forma, Sincronicidade, Encerramento e Integração. O primeiro princípio em qualquer trabalho de adivinhação é o Aterramento. Exploraremos o Ritual de Boas-Vindas, o Ritual de Boas-Vindas da Lua/do Sol e o Ritual de Boas-Vindas do Trono como três maneiras de demonstrar o aterramento com o consulente. O segundo princípio é a Intenção, o pedido e a razão para a leitura. O Ritual do Coelho Gordo ajuda o leitor a chegar ao cerne da questão. Uma vez que a intenção esteja clara, o leitor usará o terceiro princípio, a Forma, escolhendo as tiragens ou maneiras de dispor as cartas para receber a resposta. A Tiragem de Cinco Cartas e a do Ciclo Atual funcionam bem para iniciar qualquer leitura, fornecendo uma visão geral das energias atuais do consulente. Durante a leitura, o Ritual do Espelho faz com que o consulente interaja enquanto leitor. O quarto princípio, a Sincronicidade, é a resposta do Sagrado Criativo para qualquer adivinhação. Esse é o coração da leitura, canalizando as respostas do Sagrado Criativo através das cartas. Quando a leitura está quase terminando, o quinto princípio, o Encerramento, é necessário como uma transição do espaço sagrado para o tempo mundano. O Ritual de Encerramento da Lua/do Sol e o Ritual de Encerramento do Trono são desfechos apropriados. O sexto princípio, a Integração, encoraja o consulente a buscar maneiras de utilizar os *insights* recebidos.

Antes de iniciar qualquer exercício de aterramento, reserve um tempo para um diálogo leve com o consulente. Seria útil descrever de forma breve seu processo e o que se pode esperar durante e após a sessão. Em geral, costumo dizer que a leitura não é um monólogo. O consulente pode fazer perguntas ou mudar a direção das questões a qualquer momento.

Aterramento - O Primeiro Princípio

Criar um espaço propício para convidar o Sagrado Criativo só é possível se você estiver presente por completo. O processo de aterramento é necessário. Sem ele, tendemos a ficar presos aos pensamentos ou perder o foco. As capacidades de testemunhar e ouvir são comprometidas se não conseguimos nos manter em um estado de quietude.

Há uma infinidade de exercícios de aterramento com respiração, visualização, silêncio e contagem regressiva de dez a um. O objetivo é simples: estar presente no corpo, no coração e na mente.

Além de se tornar presente por meio do aterramento como leitor, o ritual a seguir promoverá a quietude para o consulente. O Ritual de Boas-Vindas é uma jornada básica para guiar o consulente no aterramento. Isso é suficiente por si só para criar um espaço sagrado para ambos. No entanto, há dois rituais adicionais que aprofundam o processo de aterramento. O Ritual de Boas-Vindas da Lua/do Sol e o Ritual do Trono estendem o Ritual de Boas-Vindas para um nível extra de mistério ou para acalmar um consulente ansioso.

Ritual de Boas-Vindas

Para começar, coloque as pontas dos dedos sobre o baralho posicionado entre você e o consulente. Guie o consulente pela jornada de aterramento a seguir. Cada asterisco * indica onde deve haver uma breve pausa.

"Por favor, coloque as pontas dos dedos, quantas quiser, sobre o baralho. * Feche os olhos. * Nosso corpo só pode estar no momento presente, então esse é o maior presente que ele nos dá. * Reserve alguns minutos para deixar que seus sentidos o guiem até o aqui e o agora, nesta sala. * Você não está no futuro, nem no passado. * Você está aqui. * O que você ouve? * Está sentindo calor ou frio? * Como é a sensação das suas roupas em sua pele? * Consegue perceber alguma fonte de luz? * Como você se sente na cadeira? * Se não ficar desconfortável, permita-se ir mais fundo, como Alice descendo pela toca do coelho. * Respire."

O consulente foi convidado a se fazer presente na mente, no coração e no corpo. Você pode continuar a jornada de aterramento com os rituais de Boas-Vindas da Lua/do Sol ou do Trono para transportar o consulente a uma percepção imaginária do Sagrado Criativo. Esses dois rituais também podem atuar como desfechos mágicos para qualquer leitura, utilizando suas jornadas de encerramento (p. 164).

Se decidir continuar com a jornada dos rituais de Boas-Vindas da Lua/do Sol ou do Trono, basta acrescentar um deles à fala da jornada do

Ritual de Boas-Vindas. Como antes, ao ler para o consulente, faça uma pausa a cada asterisco *.

Ritual de Boas-Vindas da Lua/do Sol

O Ritual de Boas-Vindas da Lua/do Sol expande o Ritual de Boas-Vindas e guia o consulente a um espaço aberto para sentir o Sol ou a Lua e as estrelas acima de si. Isso oferece uma oportunidade para que ele libere as preocupações e os apegos do dia a dia, fazendo-se presente por completo durante a leitura.

"Imagine-se numa paisagem ideal, seja ela real, seja de sua própria criação. * Pode ser uma montanha, uma praia, um deserto, uma floresta ou um vale. * Só você está aqui. * Acima de você estão a Lua e as estrelas, ou o Sol... o que seu corpo mais precisa. * Olhe para esse corpo celestial. Ele envia um raio de luz através do topo da sua cabeça. * A luz desce pela sua coluna como mel, preenchendo o resto do seu corpo. * Essa linda luz vai além do seu corpo, preenchendo o espaço ao seu redor. * Você se torna apenas a luz. * Abra suavemente os olhos."

Ritual de Boas-Vindas do Trono

Outra expansão do Ritual de Boas-Vindas é o Ritual de Boas-Vindas do Trono. Ele guia com cuidado o consulente a uma paisagem interior para se sentar num trono orgânico. Esse trono simboliza a natureza e sua capacidade de apoiar o consulente, não importando o seu estado de ser.

"Entre em si mesmo, nas profundezas do seu ser. * Há muitas belas paisagens interiores, mas escolha a paisagem natural onde você mais gostaria de estar. * Essa paisagem o ajuda a se sentir conectado à natureza, seja ela real, seja percebida. * Talvez seja uma montanha, uma praia, um deserto, uma floresta ou um vale. * Veja-se caminhando por essa paisagem. * Você está sozinho e seguro. * Em algum momento, você verá uma espécie de trono orgânico onde se sentar. * Sente-se. * Saiba que, além de estar conectado à natureza, ela o apoia por completo. * Abra suavemente os olhos."

Intenção – O Segundo Princípio

O palco agora está preparado. O Sagrado Criativo foi invocado. Toda magia segue uma intenção. A intenção em uma leitura é expressa por meio de perguntas. No entanto, se você preferir deixar as cartas refletirem o que precisa ser conhecido neste momento, sem perguntas, é possível estabelecer sua própria intenção – a de receber *insights* eficazes e amorosos, por exemplo.

O que o consulente de fato quer saber? As pessoas, muitas vezes, passam correndo por essa parte do processo. Reservar um tempo agora para descobrir as perguntas verdadeiras cria um fluxo de informações mais eficiente. Então, como chegar ao cerne da questão? O próximo ritual pode resolver isso muito bem.

Ritual do Coelho Gordo

Pedir as perguntas do consulente é como soltar uma dúzia de coelhos. Como leitor, você é a raposa. Quais coelhos valem a caçada? Há algum que seja particularmente grande e suculento? As perguntas do consulente podem parecer dispersas, vagas ou desconexas. Eis algumas questões iniciais que podem restringir o escopo da leitura:

- O que ajudaria nesta sessão?
- Qual era a sua intenção ao agendar a leitura?
- Se você tivesse uma varinha mágica, o que gostaria de mudar?
- Você está curioso ou apenas quer uma visão geral da sua vida nos dias de hoje?

Escute as respostas com todos os seus sentidos. Todos os sinais contam. O tom de voz, a linguagem corporal e o modo de se expressar oferecem uma grande quantidade de informações não verbais sobre o cerne da questão. O que *não* está sendo dito? O que mais você está ouvindo? Não presuma nada. Ajude a encontrar a essência das necessidades do consulente fazendo perguntas abertas. Por exemplo, "Se você pudesse mudar qualquer coisa na sua vida agora, o que seria?, O que você esperava secretamente que viesse à tona durante a leitura?, Quando foi a última vez que você sentiu que estava surfando bem a onda da vida?". Resuma as necessidades manifestadas com suas próprias palavras para verificar se há algo mais a ser esclarecido antes de tirar qualquer carta. A caça ao mistério pode começar!

Forma – O Terceiro Princípio

A forma é a tiragem em si das cartas de tarô ou a maneira de usá-las durante a leitura. Recomenda-se muito iniciar uma leitura com uma tiragem que ofereça uma visão geral dos ciclos atuais do consulente. A visão geral pode muitas vezes revelar tópicos importantes ou iluminar aquelas questões ou necessidades que não foram mencionadas. O Sagrado Criativo pode apresentar uma visão mais ampla que pode fornecer percepções valiosas. As tiragens de visão geral não são indispensáveis, mas podem oferecer um contexto atraente para a intenção ou tema de toda a sessão.

Uma tiragem simples de visão geral é a Tiragem de Cinco Cartas (p. 63). Ela oferece uma visão mais ampla dentro de um curto intervalo de tempo, de quinze minutos ou menos. Os arcanos maiores representam as influências e energias atuais na vida do consulente. Os arcanos menores mostram como essas influências se manifestam no dia a dia.

Leituras de trinta minutos a uma hora poderiam melhorar muito com uma tiragem de visão geral mais completa, como a Tiragem do Ciclo Atual. Ela mostra a curva de aprendizado atual do consulente em relação à sua vida como um todo. Também oferece uma estrutura para descobrir aquilo que pode ter passado despercebido durante o processo de determinar sua intenção para a sessão.

Tiragem do Ciclo Atual

Instrua o consulente a embaralhar as cartas e dispor sete cartas viradas para baixo da esquerda para a direita. Você pode então organizá-las no padrão a seguir.

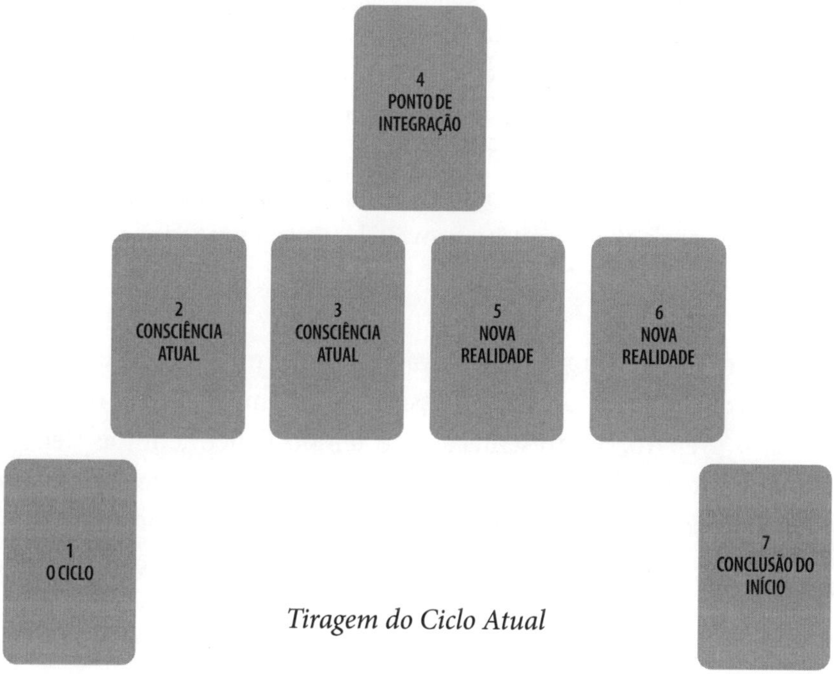

Tiragem do Ciclo Atual

1. O Ciclo: essa carta se refere ao tema atual do consulente. O espírito o colocou intencionalmente nesse ciclo para uma integração específica.

2 e 3. Consciência Atual: ambas as cartas apresentam as perspectivas atuais do consulente em relação à carta tema. É bom tirar duas cartas, pois pode haver emoções misturadas ou diferentes estados em relação ao tema.

4. Ponto de Integração: o Espírito está guiando o consulente até esse ponto de integração. Esse é o pedido do Sagrado Criativo. Que

aspecto da realidade precisa ser reconhecido? Observe as diferenças em relação aos *insights* das cartas 2 e 3. Como a compreensão evolui?

5. e 6. Nova Realidade: como resultado da integração da realidade da quarta carta, essas duas cartas apresentam novas consequências, mudanças e ideias. A integração não precisa estar completa para que novas perspectivas sejam incorporadas. Uma nova energia surge com a consciência. Ainda mais energia pode entrar caso o consulente permita. Observe a diferença entre a realidade anterior e a nova.

7. Conclusão/Início: a posição dessa carta se refere ao fim deste ciclo ou ao anúncio do próximo. Se ela parecer totalmente diferente de todas as outras, é muito provável que seja uma visão do que está por vir.

O cerne da leitura está nas tiragens que têm posições designadas ou fluem de maneira orgânica. Assim como em uma boa refeição, a escolha, o preparo, a apresentação e o tempo dependem das decisões do cozinheiro. Reserve tempo e mantenha-se consciente do seu próprio progresso para criar uma leitura forte do começo ao fim. Com a prática de ler para outras pessoas, seu estilo único será criado. Todos os rituais e tiragens de cartas deste livro podem ser facilmente adaptados para realizar leituras para os outros. Por exemplo, faça o Ritual da Quadrinidade (p. 133) se o consulente estiver sofrendo muito medo, ansiedade ou confusão. Esse ritual é útil para ajudar a pessoa a se sentir "em casa" de novo, confortável em sua própria pele. Revele as cartas viradas para baixo em frente ao consulente. Guie-o na visualização de cada um dos seus aspectos – o corpo, o eu emocional, o intelecto e o espírito – perguntando o que cada um precisa ou deseja dele. Peça ao consulente que receba a resposta em silêncio e, em seguida, escolha uma carta de maneira aleatória. Escolhidas todas as cartas, oriente o consulente a falar sobre as impressões diretas que ele recebeu antes de oferecer a mensagem adicional de cada carta escolhida.

As opções disponíveis nas Tiragens de Narrativas (p. 61) são veículos confiáveis para serem usados durante toda a leitura. Utilize quantas cartas quiser para responder a cada tópico. Mantenha-se aberto e curioso enquanto acompanha a narrativa que está sendo apresentada. Permita que seu eu poético se manifeste. Improvise ou crie no momento.

Ritual do Espelho

Até aqui, você tem sido o leitor interpretando as cartas. Vamos observar um ritual que envolve o consulente como cointérprete das cartas.

Você pode aprofundar a história em evolução, que nasce da leitura, se pedir para o consulente falar sobre a imagem de uma carta. Isso é útil para os tópicos que são padrões recorrentes ou medos de uma vida inteira. Peça ao consulente que embaralhe e escolha uma carta ao acaso como resposta à pergunta, questão ou interesse. Instrua-o a não mostrar a carta nem revelar seu título. Peça que ele fale sobre qualquer coisa que sinta, veja ou perceba a partir da imagem. Você não quer uma descrição literal das imagens, mas sim como isso o faz se sentir ou pensar. Tome notas, se necessário. Quando ele terminar, peça para ver a carta. Entrelace a percepção do consulente e a mensagem do tarô em uma resposta personalizada. As percepções dele sobre a carta e o seu entendimento do significado podem juntos produzir compreensões poderosas. Por exemplo, o consulente pode ver, no Oito de Espadas, uma pessoa amarrada e abandonada. Isso pode dar ao leitor uma forte pista sobre o quanto é difícil para o consulente acreditar que tem escolha em algum aspecto de sua vida.

Sincronicidade – O Quarto Princípio

Este princípio é a essência da leitura. É a resposta divina do Sagrado Criativo. A sincronicidade inclui as respostas, soluções e profecias, assim como tudo o que acontece durante a sessão. Todos os seus estudos, práticas, a visualização do espaço sagrado e a consagração das ferramentas levam a este momento. Com permissão, os *insights* necessários virão do Sagrado Criativo, de sua sabedoria e dos padrões das cartas. Se sua compreensão da fonte não estiver desenvolvida, as coincidências significativas serão reduzidas por falta de confiança de que você pode enxergar por todos os ângulos. Se estiver em dúvida, use o Poder do Faz de Conta para experimentar plena reciprocidade com a imagem do tarô e a orientação divina.

Confie em como você percebe cada carta no momento. O Ritual para Entrar na Carta (p. 46) demonstrou as múltiplas maneiras de interpretar uma carta. Durante uma leitura, confie que a camada mais pertinente chamará sua atenção. Se você vir ou sentir algo, diga-o. Por outro lado, lembre-se sempre de que só a gentileza e a compaixão comunicam qualquer mensagem da maneira correta.

Confie que tudo o que acontece entre a abertura do espaço sagrado e o encerramento são mensagens tão importantes quanto qualquer uma das cartas. Qualquer coisa que aconteça entre o momento de aterramento e o fechamento faz parte da mensagem; uma ambulância passando, uma carta que cai ou o celular que toca fazem parte da leitura tanto quanto qualquer carta. Interpretar esses eventos é parte da sincronicidade.

Tenha em mente que apenas fazer uma pergunta não garante uma resposta. Mantenha-se aberto e envolvido. Você será guiado para as perguntas e respostas que mais importam.

Obs.: Não há ritual para este princípio.

Encerramento – O Quinto Princípio

O quinto princípio é o mais ignorado, embora seja mais uma oportunidade de experimentar o mistério. Perto do final da sessão, mencione o tempo restante e pergunte se há necessidade de esclarecimentos. As transições ocorrem com mais facilidade quando são nomeadas. Esse não é o momento para fazer novas perguntas.

É útil dar ao consulente um resumo dos principais pontos, com atenção às sugestões de atitudes a serem tomadas, se possível. A bênção e a honra da sessão fecharão bem as portas cósmicas.

No princípio de Aterramento, o Ritual de Boas-vindas da Lua/do Sol e o Ritual de Boas-vindas do Trono ajudam o consulente a entrar no espaço sagrado. Ambos também auxiliam no encerramento da leitura. Se você usou um desses dois rituais de aterramento para abrir a sessão, escolha o mesmo ritual agora para o encerramento. Abra as cartas em leque diante do consulente para que ele possa escolher uma carta final como seu gesto de despedida.

Ritual de Encerramento da Lua/do Sol

"Feche os olhos. Volte ao belo espaço onde você começou esta sessão. * Algumas coisas mudaram durante a leitura. * Os Aliados Divinos e os Ancestrais Amados criaram um círculo ao seu redor. Eles abençoam seus esforços. Permita-se receber a bênção deles. * [*Agora, cite alguns dos* insights *mais fortes que foram mencionados durante a leitura, como se já tivessem se manifestado. Por exemplo: durante a leitura, as opções da mãe do consulente de vender sua casa foram discutidas. Neste ponto de encerramento, você poderia dizer: 'Você vê sua mãe em paz com a decisão de vender a casa da família. Ela está cercada por pessoas amorosas'.*] * A luz que estava em toda parte se transformou numa espiral contínua e poderosa, a cerca de sessenta centímetros de distância do seu corpo. * A espiral atrai as pessoas e experiências necessárias em sua vida. Ela repele todas as influências negativas. * Abra os olhos. Por favor, escolha uma carta como uma mensagem do seu eu futuro. Essa carta é a mensagem dele para você."

Ritual de Encerramento do Trono

"Feche os olhos. Volte para o trono. * Algumas coisas mudaram durante a leitura. * Os Aliados Divinos e Ancestrais Amados criaram um círculo ao seu redor. Eles abençoam seus esforços. Permita-se receber a bênção deles. * [*Agora, cite alguns dos* insights *mais fortes que foram mencionados durante a leitura, como se já tivessem se manifestado. Por exemplo: durante a leitura, as pressões do trabalho foram discutidas. Neste ponto de encerramento, você poderia dizer: 'Você vê seu chefe e seus colegas respeitando e apoiando você'.*] * [*Mencione alguns itens do tarô que se destacaram durante a sessão. Por exemplo: você nota agora uma espada junto ao seu pé direito. Junto ao seu pé esquerdo há um cálice. Saiba que estes são seu poder e sua magia.*] * Abra os olhos. Por favor, escolha uma carta como uma mensagem do seu eu futuro, daqui a três anos. Essa carta é a mensagem dele para você."

Integração – O Sexto Princípio

Tão importante quanto o Encerramento para o consulente e o leitor, a etapa de Integração eleva toda a leitura a outro nível. O que o consulente fará com essas novas informações? Ele é capaz de pensar numa única atitude a ser tomada? Fazer um *brainstorming* sobre maneiras de incorporar as mensagens ajuda a capacitá-lo a agir. Os *insights* recebidos uma vez que o espaço sagrado é aberto retornarão ao éter se não forem colocados em prática. Embora esse diálogo possa ocorrer antes do encerramento, processar a leitura depois de concluída pode atuar como uma transição saudável do espaço sagrado para a vida cotidiana.

Ajudar o consulente a visualizar os *insights*, sugerindo que ele está seguro e é amado por seus Aliados Divinos e Ancestrais Amados, e encontrar maneiras para que a leitura se torne de fato viva são habilidades poderosas. As leituras esclarecem as sementes para a mudança.

Obs.: Não há ritual para esse princípio.

Resumo

Este capítulo oferece estruturas e ideias para criar sua própria metodologia de leitura para outras pessoas. A adivinhação é uma forma de comunicação muito especial. A importância de estar livre de seus próprios vieses, como na Tiragem Livre de Viés, e de manter sua energia protegida no Ritual do Zíper cria limites necessários. Os seis princípios de Aterramento, Intenção, Forma, Sincronicidade, Encerramento e Integração fornecem uma estrutura sólida para ler para os outros. Esses princípios podem servir como uma estrutura na qual você pode se apoiar ao criar seu próprio formato como tarólogo. Mudar a dinâmica da vida de um consulente para melhor é a exata razão pela qual fazemos leituras para outras pessoas.

Capítulo Sete

RITUAIS DO CALENDÁRIO

Este capítulo explora rituais dentro de uma estrutura de tempo e das forças naturais de luz e escuridão. Rituais diários, mensais, sazonais e anuais oferecem ritmos poderosos que nos conectam à natureza. O Ritual da Grade de Domingo gira em torno do fluxo de energia da semana, enquanto o ritual da Lua reflete o mês. Rituais de aniversário marcam a passagem de um ano e oferecem ferramentas para reunir percepções ao rever o ano que passou e olhar para o futuro. A Roda do Ano é um modelo para refletir sobre a dança contínua de luz e escuridão, a mudança das estações, a passagem do tempo e outros ciclos significativos encontrados em nossa vida, incluindo momentos de celebração.

O tempo é um dos nossos recursos naturais mais valiosos. O tempo sagrado é a integração do passado, do presente e do futuro. Esse sentido de tempo é circular ou completo, e não uma progressão linear.

Os rituais marcam momentos significativos em nossa vida, como nascimento, morte e outras grandes transições. Alinhar-se com o movimento do calendário e das estações cria um cenário para ritmos orgânicos que nos ligam a algo maior do que nós mesmos. Os rituais organizam o tempo em si. Eles são um gesto poderoso para aprimorar a qualidade da nossa própria realidade.

Os rituais sazonais são conhecidos como feriados ou dias santos. São dias sagrados que atuam como marcos coletivos nas linhas do tempo humanas, dentro de ritmos maiores. Incluir o dia anterior e o dia posterior a um dia sagrado, como um aniversário ou uma mudança de estação, aprimora o ritmo geral. Os dias sagrados são experiências do tempo não linear. Essa pausa na rotina regular pode proporcionar uma união profunda com a natureza.

O Hierofante, o quinto arcano maior, é o representante dos rituais no tarô. Esse arquétipo é muitas vezes retratado como o papa, sentado num trono dentro de uma igreja. Sua mão direita está erguida em sinal de bênção. Dois acólitos se ajoelham diante dele. O Hierofante representa a luz, construindo poder por meio de rituais cíclicos. A repetição cria um poder próprio. Os serviços religiosos semanais são rituais importantes para as religiões. O domingo costuma ser a culminação de uma revisão da semana que passou e a preparação para a nova semana que se inicia. Há grande sabedoria em avaliar o passado e estabelecer metas para o futuro. O ritual a seguir é uma abordagem inovadora para criar um botão de reinicialização semanal.

Ritual da Grade de Domingo

Dedique um baralho exclusivamente para este ritual. Eu costumo usar o de Marselha. Seus arcanos menores são cartas numeradas e com cores vivas – quarenta cartas que vão do ás ao dez para cada um dos quatro naipes. O padrão numérico simples é muito atraente. Qualquer baralho altamente simbólico ou abstrato é adequado para esse ritual. As cartas escolhidas não serão interpretadas, mas criarão um espaço visual, muito parecido com um altar. Elas atuam como uma grade, criando um elo entre todas as cartas selecionadas.

Essa grade serve como uma barreira energética para a semana que está por vir. O primeiro passo é determinar certas áreas do seu espaço de convivência que farão parte da grade. Por exemplo, em casa, tenho um escritório no andar de cima para atender clientes. A energia flui com força dos clientes que entram na minha casa. O caminho da energia segue subindo as escadas até o meu escritório. Incluo meu espaço de trabalho no andar térreo, que fica ao lado da cozinha. A cozinha é outro espaço representado na minha grade, porque está localizada entre minha área de trabalho e as escadas que levam ao escritório. Por fim, minha porta da frente também está inclusa na grade.

Uma vez criada, a grade em si não muda. Novas cartas são escolhidas a cada domingo. Cada carta representa uma energia para aquela parte da sua casa. Todas as cartas juntas formam um mapa visual de como a energia fluirá durante a semana.

Todo domingo recolho as cartas da semana anterior. Embaralho as cartas e peço ao Sagrado Criativo que me dê conhecimento sobre a semana que está por vir. Escolho quatro cartas ao acaso. Coloco a primeira carta no meu escritório no segundo andar. Essa carta costuma representar um tema importante para alguns clientes naquela semana. A segunda carta é colocada na minha estação de trabalho, como motivação necessária para realizar tarefas. A terceira carta é colocada perto da geladeira e oferece percepções sobre como nutrir a mim e à minha família. A quarta carta é colocada perto da porta da frente. Essa em geral traz uma mensagem do mundo exterior.

O Ritual da Grade de Domingo é útil para entender como a energia flui pelo espaço onde você vive. As cartas escolhidas fortalecem o âmbito energético dessas áreas. Esse ritual vale o esforço – ele oferece lembretes visuais do fluxo de energia e do apoio do espírito ao longo da semana.

O Ritual da Lua

Vamos olhar agora para um ciclo mensal, o ciclo lunar, que consiste em torno de 28 dias e inclui a fase da lua nova - quando ela aparece e começa a crescer -, a lua cheia no meio do ciclo e, em seguida, a fase da lua minguante. Um ritual simples é escolher uma carta para ser colocada no altar durante todo o ciclo lunar. O momento ideal para escolher essa carta é na lua nova. Essa carta oferecerá percepções sobre o tema inerente a este ciclo lunar. Um ritual lunar que se aprofunda um pouco mais, no entanto, é aquele que reflete suas várias fases.

Os resultados desejados dependem de uma intenção clara e de foco. Reserve um tempo para considerar o que você quer ou precisa vivenciar durante o próximo ciclo lunar. Essa intenção pode ser um simples estado de ser ou a conclusão de determinado projeto. Expresse os desejos, necessidades ou anseios que isso atenderia. Cada fase da lua terá suas próprias sugestões de cartas. Todas essas cartas escolhidas culminam numa tiragem geral para todo o ciclo lunar.

A lua passa por vários signos astrológicos durante um ciclo de 28 dias. Uma breve pesquisa pode ser útil para conhecer essas influências. Além dos aspectos planetários, as várias luas do ano acumularam identidades culturais. Alguns exemplos desses títulos podem inspirar uma forma de estruturar sua intenção. Observe que, dentro dos títulos das luas algonquinas,[4] alguns meses têm nomes diferentes de acordo com as várias tribos/grupos do povo algonquino.

4. Relativas à cultura do povo algonquino, nativo do nordeste da América do Norte. (N. do RT.)

MÊS	ALGONQUINO	CELTA	CHINÊS
Janeiro	Lobo	Quietude	Feriado
Fevereiro	Neve	Gelo	Broto
Março	Seiva	Ventos	Adormecida
Abril	Semente	Crescente	Peônia
Maio	Flores	Brilhante	Dragão
Junho	Morango	Cavalo	Lótus
Julho	Cervo	Calmante	Fantasma esfomeado
Agosto	Esturjão	Disputa	Colheita
Setembro	Milho	Cantante	Crisântemo
Outubro	Corvo	Colheita	Gentileza
Novembro	Caçador	Escura	Branca
Dezembro	Fria	Fria	Amarga

Lua Nova - Intenção

As luas novas, recém-aparecidas, são momentos ideais para iniciar o trabalho com ferramentas de adivinhação, como um baralho de tarô. Crie seu próprio feitiço, poema ou bênção. Outras maneiras criativas de usar a energia da lua nova incluem capturar essa energia colocando uma garrafa cheia de água sob a luz da lua durante a noite.

Para criar uma intenção pessoal para o ciclo lunar, medite durante a lua nova. Visualize o que você gostaria de ver ou vivenciar até o final do ciclo de 28 dias. Sonhar na noite da lua nova pode trazer mensagens para o ciclo. Quer decida meditar, quer decida sonhar, escolha uma carta aleatória de arcano maior que seja uma resposta do Sagrado Criativo. Qual é o tema ou influência mais vital deste mês?

Lua Crescente – Inventário

Esta fase fala sobre o inventário e os passos de ação que podem ser necessários. Como sua intenção está crescendo ou mudando? Como você precisa se posicionar como um cocriador nesse processo? Retire duas cartas dos arcanos menores ao acaso. Copas podem indicar um reinício emocional ou correção de visão. Paus podem pedir formas mais fortes de expressão ou paixão. Ouros podem se referir a recursos necessários. Espadas representam foco e comunicação eficazes.

Lua Cheia – Iluminação

As coisas estão vindo à luz. A essência da sua intenção e sua realização estão totalmente iluminadas agora. Durante a noite da lua cheia, coloque todo o baralho de tarô virado para baixo num círculo ao seu redor. Visualize raios de luz da lua entrando pelo topo da sua cabeça. A luz da lua preenche seu corpo por completo e depois permeia todo o espaço. As mudanças necessárias estão aqui e agora. Desapegue-se de todas as fantasias e desejos. Aceite a resposta do Sagrado Criativo.

Assim como em qualquer trabalho com tarô, preste atenção nas mensagens que você recebe antes e durante a seleção da carta em si. Perceber toda a energia ao manusear as cartas pode revelar informações sobre a carta ou a mensagem maior. Por exemplo, enquanto embaralha, você sente um peso no coração. Não desconsidere essa sensação inicial, por mais alegre que a carta lhe pareça. Preste atenção especial a qualquer arcano maior, pois eles oferecem recursos adicionais. As cartas da corte podem significar influências, colaboradores ou apoio não reconhecido em seu empreendimento.

Do círculo de cartas, selecione três que comuniquem:

Carta Um – Liberação: Esta carta ilustra uma entrega necessária. Ela pode falar diretamente sobre sua resistência, ilusões ou apegos em relação à sua intenção.

Carta Dois* - *Aceitação: O que precisa ser de fato reconhecido neste momento? A mensagem desta carta é o que pode ser necessário para que você se faça presente de forma plena.

Carta Três* - *Resposta: Como cocriador, o que você precisa permitir ou receber do Sagrado Criativo? A imagem entregará uma mensagem sobre a própria manifestação.

Lua Minguante - Aceitação

Em suas meditações, reconheça o que foi dado. Com gratidão, escolha uma carta para refletir sobre o dom, segredo ou desafio da intenção.

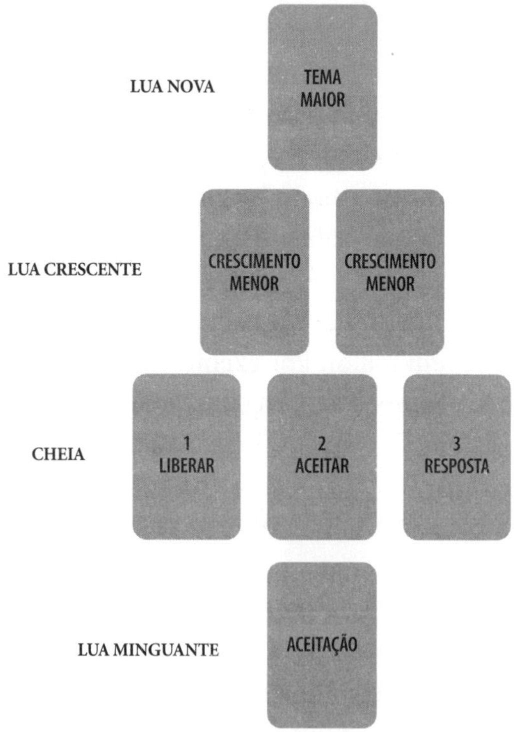

Tiragem do Ciclo Atual

Antes que a lua desapareça por completo do céu, como faz todos os meses, coloque todas as cartas escolhidas na tiragem da Lua, na página anterior. Permita que essa imagem completa traga percepções adicionais. Que imagem surge da sua intenção e da resposta do Sagrado Criativo?

Agora, vamos passar para os rituais anuais. Um evento anual que merece reconhecimento espiritual é o nosso aniversário. O início de um novo ano de vida abre véus para o ano que está por vir. Considere o ritual da Espiral de Aniversário ou o ritual do Conselho de Aniversário tanto para você quanto para os outros.

O Ritual da Espiral de Aniversário é para a véspera, o dia em si ou o dia após o aniversário. Também pode ser um ótimo presente de aniversário se feito para um amigo. Além do ritual, preste atenção a qualquer tema comum em cartões e presentes de aniversário. Eles podem dizer algo sobre o ano que está por vir.

A seguinte jornada prepara uma estrutura para a tiragem da Espiral de Aniversário. Se você gravar a meditação guiada, use os asteriscos como pausas. Se oferecida como um presente, leia a meditação em voz alta para o aniversariante enquanto ele estiver deitado ou sentado com os olhos fechados. Após a meditação guiada, você escolherá as cartas para sua tiragem. Essa variação é inspirada na tiragem original de Gail Fairfield, com uma carta maior e uma carta menor. Separe o baralho em dois grupos: os arcanos maiores e os arcanos menores.

Ritual da Espiral de Aniversário

Abra os quadrantes conforme descrito no ritual de Invocação do Círculo (p. 37). Acenda uma única vela para o centro. Adote uma postura confortável, sentado no espaço central.

A Jornada

"Estou numa paisagem exuberante. É meu aniversário. * Sinto-me seguro, amado e notado. Sinto fortemente a presença do Sagrado Criativo. * Percebo uma vela queimando viva ao lado dos meus pés. * Outras velas começam a aparecer em espiral. São velas de aniversário acesas no ano anterior. * A cada ano, mais velas se somam à espiral. * Elas formam uma espiral crescente ao meu redor. * A espiral cresce enquanto as luzes honram cada ano da minha vida. * Velas de todos os tamanhos e formas da minha última encarnação agora aparecem. * As velas de todas as minhas encarnações acabam se juntando a essa espiral. Ela se torna infinita. Não consigo ver o fim. * A espiral evolui para uma grande luz. Quase flutuo diante dessa bela representação da minha vida e das minhas vidas."

Abra os olhos e foque na chama da única vela. Embaralhe com cuidado cada grupo dos arcanos maiores e menores enquanto relembra os destaques significativos desta vida. Para cada década de vida, escolha uma carta de arcano maior e uma de arcano menor. O arcano maior fala sobre a substância do período, sendo o reflexo principal dele. Por exemplo, escolher a Estrela pode indicar um período de esperança, fé e autoaceitação. O arcano menor fala do "como" do processo divino. Por exemplo, escolher o Sete de Espadas pode mostrar um momento em que você se sentiu traído ou decepcionado por certo grupo de amigos. Devido à perda de confiança, você se voltou para dentro e começou a confiar de verdade em si mesmo. Qual tema você considerou mais importante? Como você vivenciou suas lições?

Agora você escolherá as três últimas cartas da tiragem. Elas retratam percepções sobre o próximo ano. Junte e embaralhe todas as cartas restantes. As três cartas representam a essência, o desafio e a surpresa. Incorpore qualquer sensação que possa ter sido sentida ou percebida ao embaralhar e escolher as cartas.

Feche os olhos para visualizar-se de novo no centro daquela poderosa espiral de luz. Agradeça ao Sagrado Criativo enquanto fecha os quadrantes.

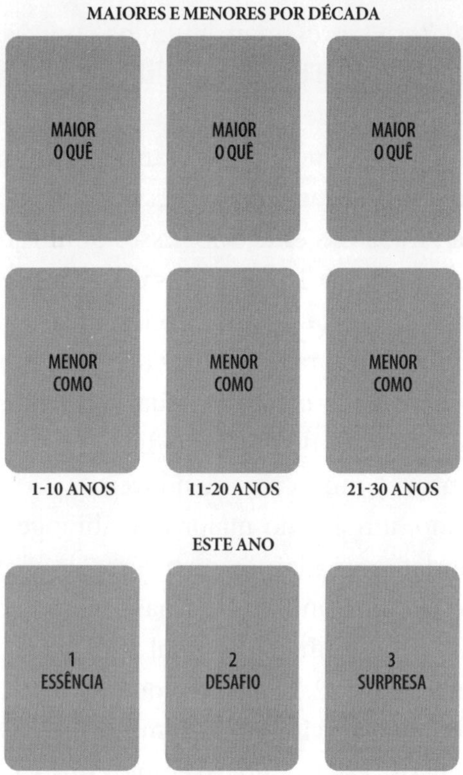

Espiral de Aniversário

Ritual do Conselho de Aniversário

Este ritual do Conselho de Aniversário ocorre ao longo de um ano. Ele envolve uma relação forte com seis cartas deste aniversário até o próximo. Essa tiragem funciona como um comitê divino (p. 132), fornecendo influências orientadoras ao longo do ano.

São particularmente potentes para este ritual os baralhos que representam sua cosmologia ou compreensão do Sagrado Criativo. Baralhos como o *Dark Goddess Tarot*, o *New Mythic Tarot*, o *Pagan Otherworlds*

Tarot ou o *Haindl Tarot* apresentam mundos com perspectivas espirituais específicas. Decida qual baralho se alinha melhor com seu panteão ou cultura espiritual para esse ritual anual.

Seis cartas serão escolhidas no seu aniversário ou perto dele para essa primeira rodada da tiragem. As mesmas cartas serão revisitadas em cada ponto de virada das estações. (Esses pontos de virada são descritos em detalhes na página 182.) As seis cartas representam as quatro direções, o centro e sua carta do ano. Recomenda-se registrar todas as leituras em um único diário para facilitar o acompanhamento de como as coisas progridem. Defina o espaço ritual e considere usar o mesmo espaço para todos os pontos de transição. Locais ao ar livre, como perto de um corpo d'água, são muito recomendáveis.

A carta do ano, um arcano maior que abrange o ano a partir do seu aniversário, é determinada por uma fórmula matemática simples. Some os números do dia e mês do seu nascimento com o ano atual e, em seguida, reduza esses números ao total mais baixo, parando quando obtiver um número de 1 a 22. O número que você calcular corresponde a um arcano maior que servirá como tema principal para todo o ano que começa no seu aniversário. Por exemplo, se você nasceu em 24 de novembro, some 11 + 24 + 2020 (ano atual). O total é 2055. Reduza esses números: 2 + 0 + 5 + 5 = 12. O arcano maior correspondente ao número 12 é o Pendurado. Com o Pendurado, os principais temas até seu próximo aniversário podem incluir a entrega do ego, novas perspectivas ou uma sensação de estar suspenso. Se você obtiver um valor de dois dígitos igual ou superior a 23, some esses dois números para obter seu total (por exemplo, para 23, 2 + 3 = 5). A exceção a essa fórmula é uma soma de 22. Nesse caso, o arcano maior correspondente será o Louco, que normalmente é zero, um número que nunca será o resultado dessa fórmula.

No dia do seu aniversário ou próximo dele, organize todas as outras cartas em seus naipes específicos. Coloque os grupos no centro antes de iniciar o ritual.

Volte-se para o Leste. Imagine sua mente tão aberta quanto o céu. Permita que o poder do próximo ano se manifeste. Receba qualquer imagem, mensagem ou presença que lhe vier. Registre esses recebimentos. Escreva apenas o necessário para lembrar depois. Volte-se de novo para o Leste com o naipe de Espadas na mão. Escolha ao acaso a carta virada para baixo que mais ressoe com o poder que você sentiu. Coloque-a virada para baixo ao Leste.

Volte-se para o Sul. Imagine sua criatividade e paixão ardendo intensamente. Permita que a força criativa do próximo ano se manifeste. Receba qualquer imagem, mensagem ou presença que lhe vier. Registre esses recebimentos. Volte-se para o Sul com o naipe de Paus na mão. Escolha a carta que mais ressoe com a criatividade ou paixão sentida. Coloque-a virada para baixo ao Sul.

Volte-se para o Oeste. Imagine-se sentindo-se tão amplo e profundo quanto um oceano. Permita que a visão do próximo ano se manifeste. Receba qualquer imagem, mensagem ou presença que lhe vier. Registre qualquer um desses recebimentos. Volte-se para o Oeste com o naipe de Copas na mão. Escolha a carta que mais ressoe com a energia que você sentiu. Coloque-a virada para baixo ao Oeste.

Volte-se para o Norte. Imagine seu corpo forte e enraizado como uma árvore. Deixe que o potencial de seus recursos, como foco, energia, saúde, riqueza e tempo do próximo ano, se manifeste. Receba qualquer imagem, mensagem ou presença que lhe vier. Registre esses recebimentos. Volte-se para o Norte com o naipe de Ouros na mão. Escolha a carta que mais ressoe com a energia sentida. Coloque-a virada para baixo ao Norte.

Fique no centro. Imagine que está conectado tanto por cima quanto por baixo. Permita que uma sensação completa do seu crescimento no próximo ano se manifeste. Receba qualquer imagem, mensagem ou presença que lhe vier. Registre esses recebimentos. Embaralhe todas as cartas restantes. Escolha ao acaso a carta que mais ressoe com a energia sentida. Coloque-a virada para baixo no centro.

Reúna e vire todas as cartas escolhidas e a carta do ano. Interprete e registre quaisquer mensagens. Essa primeira leitura dessas cartas mostra o potencial do próximo ano.

Para cada uma das mudanças sazonais, use essas seis cartas originais escolhidas no seu aniversário. Você pode usar a Roda do Ano Celta ou uma roda do ano ou ciclo das estações que melhor represente os pontos de virada da sua parte do mundo e cosmologia. Para os nossos propósitos, a Roda do Ano Celta é o modelo básico. As mensagens das seis cartas originais evoluirão ao longo do tempo de maneira surpreendente através das estações.

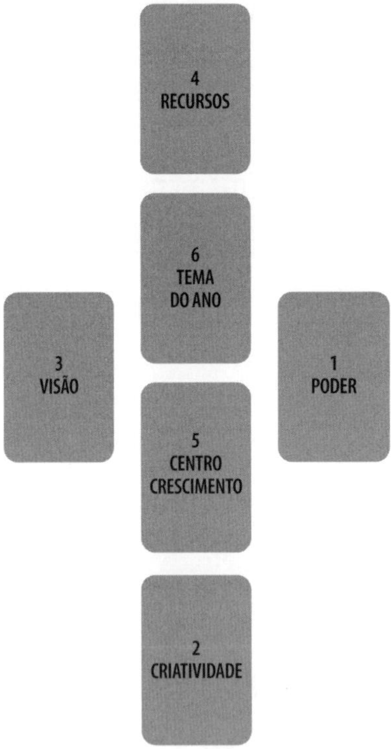

Conselho de Aniversário

Em cada ritual, você se voltará para cada direção e tomará seu lugar no centro para receber as percepções ou bênçãos da estação atual. A tiragem é um ponto de reconexão valioso entre sua vida e a força vital da Terra. A combinação do tarô com ciclos orgânicos se torna uma prática espiritual profundamente informativa.

Roda do Ano Celta – Hemisfério Norte

31 de outubro	Samhain	Morte
22 de dezembro	Yule	Nascimento
2 de fevereiro	Imbolc	Purificação
21 de março	Ostara	Crescimento
30 de abril	Beltane	Concepção
22 de junho	Litha	Divindade
31 de julho	Lughnasadh	Colheita
21 de setembro	Mabon	Integração

Roda do Ano Celta – Hemisfério Sul

31 de outubro	Beltane	Morte
22 de dezembro	Litha	Nascimento
2 de fevereiro	Lughnasadh	Purificação
21 de março	Mabon	Crescimento
30 de abril	Samhain	Concepção
22 de junho	Yule	Divindade
31 de julho	Imbolc	Colheita
21 de setembro	Ostara	Integração

O Ritual do Conselho de Aniversário é apenas uma das maneiras de fluir bem com esses ritmos da terra. Os pontos de virada do ano são observados há séculos. A Roda Celta é composta por quatro dias sagrados solares e quatro lunares. Ela simboliza o equilíbrio entre as forças femininas e masculinas. O novo ano começa no Samhain. Durante essa grande reunião, nossos ancestrais são honrados e buscamos seu apoio para enfrentar o inverno que se aproxima. O novo ciclo solar começa no Solstício de Inverno, conhecido como Yule. O Sol ganha potência durante o Imbolc, uma época em que as árvores adormecidas começam a despertar. Sobreviver à escuridão agora é plausível. O Equinócio de Primavera de Ostara redefine o equilíbrio entre luz e escuridão. Beltane é uma época para o grande romance entre a Terra e o Sol. O Sol atinge seu auge em Litha, o Solstício de Verão. Lughnasadh marca oficialmente a primeira colheita, originalmente um período gaélico de festas, canções, jogos e casamentos. E o fim da Roda do Ano é marcado pela cerimônia de Mabon, o Equinócio de Outono, um agradecimento pelos alimentos e por todas as bênçãos desta vida.

Roda do Ano

Assim como os arcanos maiores, cada um dos pontos de virada é um portal poderoso. Esses portais têm a duração de três dias: a véspera do Dia Sagrado, o próprio Dia Sagrado e o dia seguinte. São momentos poderosos para obter percepções para toda a temporada. Esses rituais são de fácil adaptação e podem ser apreciados com outras pessoas. Considere realizar o ritual na noite da véspera do Dia Sagrado. Faça um banquete em seguida, pois compartilhar alimentos é uma excelente maneira de se aterrar após o trabalho sagrado. O modelo da Roda do Ano inclui:

- *O ponto de virada e suas datas*: São fornecidas datas gerais, mas consulte as fontes para saber as datas exatas.

- *Significado e temas*: Lembre-se de que estes são baseados na perspectiva gaélica das estações.
- *Associações com cartas de tarô*: A escolha das cartas é uma das opções possíveis, já que o uso do tarô é altamente subjetivo. Com o tempo, você escolherá suas próprias cartas para aprimorar as percepções para o ritual.
- *Preparação para a jornada*
- *Ritual de Invocação do Círculo*: (p. 37) A base para os oito rituais dentro da Roda do Ano. Decore os altares dos quatro quadrantes para honrar a estação. Isso pode incluir frutas, legumes, flores, folhas, doces de Halloween, pinhas ou aromas como bálsamo ou lavanda.
- *Jornada*: As jornadas de cada ponto de virada são o coração dos rituais. Elas diferem das jornadas dos 22 Atos de Magia (p. 67), pois essas jornadas eram veículos para encontrar uma verdadeira intenção para o ritual. Todas as jornadas ocorrem no centro do espaço ritual. Tenha por perto um diário, trilha sonora e temporizador, se preferir.

Samhain

Data e Designações de Samhain

HN 31 de outubro / HS[5] 30 de abril

Fim do Verão, Ano Novo Celta, Halloween, Noite do Diabo

Temas de Samhain

O Samhain é a colheita final. Ele evoca a chegada do inverno e a necessidade de se preparar para a época escura do ano. Historicamente,

5. "HN" se refere ao Hemisfério Norte e "HS" ao Hemisfério Sul. Consulte a tabela da página 178 para maiores informações sobre a Roda do Ano e, para complementar as informações sobre as celebrações celtas, consulte o livro *Wicca Essencial*, de Paul Tuitéan e Estelle Daniels (Editora Pensamento, 2022). (N. do RT.)

é um festival de fogueiras que celebra nossa antiga comunidade, os Ancestrais Amados. O mundo desliza para a escuridão crescente. O Ano Novo Celta é um momento para fazer reparações, fazer um balanço e realizar adivinhações. Algumas perguntas temáticas:

O que precisa morrer?

Que medos o impedem de sentir amor?

Quais segredos profundos você aprenderá?

O Tarô de Samhain

O naipe de Ouros, as cartas do Diabo, do Julgamento, da Morte e da Sacerdotisa

A Preparação de Samhain

Reúna fotos ou lembranças de entes queridos que já partiram. Se tiver conhecimento de suas linhagens sanguíneas, inclua algumas lembranças visuais de suas terras natais, como um mapa, alimentos ou ervas daquela região.

Faça um balanço após uma caminhada revigorante ou um período de quietude, criando uma lista de gratidão e uma lista de preocupações atuais. Dentro dos prós e contras dessas listas, formule uma intenção para obter percepção, bênção e proteção ao entrar em tempos de escuridão. As cartas do Diabo, Julgamento, Morte e Sacerdotisa podem fornecer uma intenção mais completa. Use o Poder do Faz de Conta para visualizar cada um desses arcanos maiores como conselheiros revisando o primeiro rascunho da intenção. Por exemplo, você pode formular a intenção "Respeitar e ouvir meu corpo" após notar vários problemas relacionados a ele. Depois de criar a intenção, diga-a em voz alta na presença de cada um dos "conselheiros" selecionados. A intenção "Respeitar e ouvir meu corpo" pode parecer muito diferente na presença do Diabo em comparação com a da Sacerdotisa. Certos sentimentos de sensualidade podem ter surgido. Você percebe que deseja sentir-se sensual de novo. A intenção evolui para "Respeitar o poder sensual do meu corpo".

Prepare o espaço ritual de acordo com sua própria percepção da estação. Você pode colocar uma vela, um prato de comida e um copo com a bebida de sua escolha para seus Ancestrais Amados em cada quadrante. Separe as cartas em dois grupos: os arcanos maiores e o naipe de Ouros. O restante do baralho não é necessário. Coloque os dois grupos de cartas e as duas listas ao alcance do centro do espaço. Considere gravar a parte meditativa da jornada com antecedência para vivenciá-la de forma plena durante o ritual.

O Ritual de Samhain

Fique parado por alguns minutos. Permita que todos os seus sentimentos, pensamentos e sensações atuais se acalmem. Acenda um maço de ervas sazonais. Abane a fumaça, mas não sopre sobre ela. Use a fumaça como se estivesse se lavando com água, juntando as mãos para direcioná-la aos olhos, ouvidos e coração. Deixe que a fumaça dissipe qualquer energia que impeça você de ouvir, ver ou sentir com amor.

Caminhe devagar no sentido horário com o maço de ervas, ao redor do círculo, começando pelo Leste. Visualize-se caminhando entre colunas de Ancestrais Amados e entes queridos que já partiram. Abençoe a presença deles. Em cada quadrante, invoque a sabedoria e a proteção dos guardiões dos quatro mundos elementares – água, terra, ar e fogo. Dê-lhes boas-vindas quando sentir uma mudança na energia. Uma vez no centro, declare sua intenção em voz alta. Visualize a intenção como se ela já estivesse plenamente realizada. Sente-se para a jornada. Recite o seguinte, fazendo uma pausa breve a cada asterisco.

A Jornada de Samhain

"Desperto de pé num campo árido. * O vento sopra através de mim. Está escurecendo, mas tenho uma visão cristalina. * Caminho pelo campo e sinto a terra adormecendo sob meus pés. * À frente, há um círculo de enormes pedras cinzentas com uma grande árvore no centro. Ela solta suas folhas ao vento. * Entro no círculo e me aproximo da árvore. Há uma intricada imagem do sol gravada em sua casca. * Coloco minha mão sobre ela e sinto o calor do sol de verão em meu ventre. * À medida que meu fogo interior cresce, sinto a presença de todos que me amam, conhecidos ou desconhecidos, do outro lado do véu. * O sol entalhado na casca muda e se transforma, tornando-se uma porta. Entro na árvore por essa porta mágica. * Há um caminho em espiral que desce rumo ao mundo subterrâneo. * Sinto o frescor e o poder das raízes por toda parte. * Chego a um espaço iluminado por uma infinidade de velas. * Sinto a presença de um Aliado Divino. [*Tire uma carta do grupo de arcanos maiores.*] * A carta que escolhi é o símbolo distintivo desse Aliado Divino. Ele aparece na minha frente. * Nós nos reconhecemos. * Ele faz um gesto para que eu me sente no meio desta caverna de luzes. Me pede para ler as listas de gratidão e problemas. * Ouço minha voz preencher esse espaço sagrado. * Ele me pede para recitar a intenção em voz alta três vezes. * Ele transforma a energia de cada recitação. * Esse Aliado Divino responde às minhas bênçãos e aos meus medos. Sento-me em silêncio e ouço enquanto ele compartilha um *insight* sobre meus dons e desafios. * Ele me pede para embaralhar o naipe de Ouros e escolher sete cartas, mantendo a sequência de seleção. * Sou informado de que as cartas escolhidas de Ouros servirão como um mapa. As cartas em sua sequência definirão um processo para meu papel na cocriação desta intenção durante esse tempo de escuridão. * O Aliado Divino me faz um gesto de despedida. * Deixo esse belo espaço para retornar à porta da árvore. * Ao sair da árvore, vejo meus amigos, familiares e animais de estimação queridos do outro lado. Todos estão sentados ao redor de uma fogueira ardente. * Eu me junto a eles. Nós sonhamos juntos de novo."

Respire. Em seguida e aos poucos, tome consciência do seu ambiente atual. Tendo a Invocação do Círculo como guia, agradeça e libere cada uma das quatro direções, começando pelo Norte e deslocando-se no sentido anti-horário.

Samhain

Após o ritual, leve as bebidas e os alimentos oferecidos aos ancestrais para um ambiente ao ar livre, se possível. Estude o padrão das cartas de Ouros escolhidas como um processo para essa estação. Crie uma maneira de honrar o arcano maior que atuará como seu guia até o próximo ponto de virada.

Yule

Data e Designações de Yule

HN 22 de dezembro / HS 22 de junho
Natal, Solstício de Inverno, Saturnalia, Hanukkah

Temas de Yule

Yule é uma palavra nórdica que significa "roda." Essa é a noite mais longa do ano. O nascimento da nova luz é celebrado de muitas maneiras. Algumas perguntas temáticas:

O que precisa vir à tona?

Como posso encontrar quietude em paz?

Que ideia está nascendo agora?

O Tarô de Yule

O Eremita, o Sol, a Estrela e o naipe de Espadas

A Preparação de Yule

Prepare os quadrantes com elementos propícios da estação, como bálsamo, cedro e visco. Considere a ideia de criar uma pequena guirlanda com uma vela no centro.

Olhe para o ano até esse ponto. Registre os destaques e desafios de cada mês. Crie outra lista com desejos e anseios para o ano que está por vir.

Embaralhe o naipe de Espadas. Escolha uma carta virada para baixo para cada um dos últimos onze meses, enquanto se concentra nos altos e baixos de cada mês. Coloque as cartas escolhidas de Espadas viradas para cima, começando no Leste com o mês de janeiro. Disponha as cartas dos meses numa espiral, terminando no centro.

Escolha ao acaso um dos três arcanos maiores (o Eremita, o Sol ou a Estrela) para representar o ponto de quietude deste ritual. Coloque os três arcanos maiores no centro, sendo essa carta de ponto de quietude a única virada para cima. Deposite sua lista de desejos perto dos arcanos maiores. Carregue consigo a lista de destaques e desafios dos meses.

O Ritual de Yule

Abra os quadrantes. Pare em cada uma das cartas escolhidas para cada mês, começando por janeiro passado. Absorva a imagem da carta por alguns minutos antes de ler os altos e baixos daquele mês na sua lista. Reflita mais uma vez sobre a carta em busca dos *insights* adicionais necessários para honrar e liberar essas lições. Esse passeio pelo ano termina em dezembro, no centro. Sente-se em silêncio por alguns minutos e acenda a vela central. A jornada pode começar.

A Jornada de Yule

"Desperto de pé na borda de uma floresta. * Está escuro e as estrelas são numerosas e brilhantes. A Lua brilha o suficiente para que eu detecte um caminho a seguir. * Sou levado a um terreno rochoso que expõe várias entradas de cavernas. * Entro numa caverna que parece me chamar. * Entro na completa escuridão. Sinto um caminho para um lugar mais profundo. Há uma vela acesa. Sento-me perto dela e absorvo a rica quietude. * Torno-me consciente de imagens que parecem dançar nas paredes da caverna. * São histórias de luz superando a escuridão. * Fecho os olhos e vejo as histórias do amor superando o medo em minha vida. * Sem abrir os olhos, sinto outra presença na caverna comigo. * É um ser sagrado. Abro os olhos para ver o arcano maior escolhido como ponto de calma. * Sentamos juntos em silêncio, enquanto a luz da vela, às vezes, oscila intensamente. * Recebo a comunicação desse espírito. * Ele faz um gesto para que eu leia os desejos do ano que está por vir. * Ao ler, alguns desejos fazem a luz da vela se expandir ou se alongar. * O Aliado Divino fala do progresso atual desses desejos. Sinto como se estivesse ouvindo meu próprio roteiro futuro. Consigo ter vislumbres dessa visão. * Ele desaparece em silêncio após um gesto de despedida. * [*Escolha um dos dois arcanos maiores restantes.*] * Sentindo esperança em relação ao ano que está por vir, vejo outra presença entrar na caverna. Esse Aliado Divino contém a energia do novo ano que se aproxima. * Permaneço sentado enquanto ele acrescenta novas histórias nas paredes da caverna com um movimento do braço. Vejo novas possibilidades para mim e para aqueles que amo. * Ele direciona minha atenção para um dos desejos em particular. Reflito sobre ele com seriedade. * Ele me faz um gesto de despedida antes de partir. * Ao começar a me afastar, olho para trás. A vela se tornou um orbe dourado. Ela ilumina por completo os desenhos na parede. Vejo um vislumbre de uma história da minha vida que parece fantástica demais para acreditar. * A essência do último Aliado Divino guardará a história para mim até que eu possa alcançar essa parte do roteiro por conta própria. * Deixo a caverna e sigo de volta ao ponto onde comecei. * Sinto-me conectado não apenas a todas as estrelas e árvores, mas a todos os seres."

Respire e retorne devagar ao centro. Pegue todas as cartas de Espadas que representaram os meses passados. Tenha a intenção clara de reunir o passado para abrir caminho para o novo. Feche os quadrantes com gratidão.

Se possível, sente-se perto de uma fogueira ou de uma vela. Permita que a escuridão do ano passado seja iluminada por uma nova luz. Termine a noite pedindo ao guardião do novo ano um sonho com uma percepção sobre o ano que está por vir.

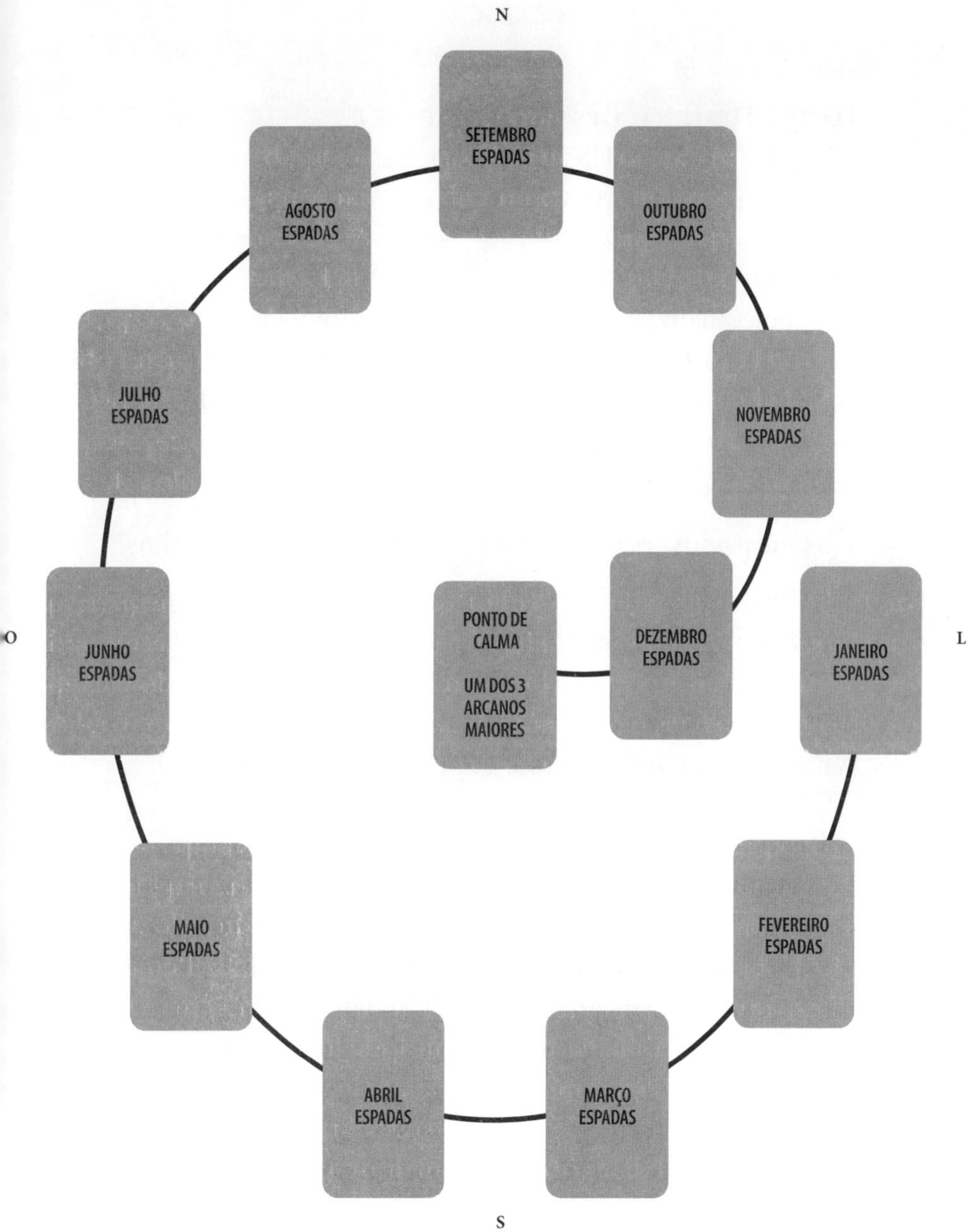
N
SETEMBRO ESPADAS
OUTUBRO ESPADAS
NOVEMBRO ESPADAS
DEZEMBRO ESPADAS
JANEIRO ESPADAS
FEVEREIRO ESPADAS
MARÇO ESPADAS
ABRIL ESPADAS
MAIO ESPADAS
JUNHO ESPADAS
JULHO ESPADAS
AGOSTO ESPADAS
PONTO DE CALMA
UM DOS 3 ARCANOS MAIORES
O
L
S

Yule

Imbolc

Data e Designações de Imbolc

HN 2 de fevereiro / HS 31 de julho
Candelária, Dia da Marmota

Temas de Imbolc

O Imbolc sinaliza o começo do fim do inverno. Embora ainda estejamos no rescaldo do inverno, ele já oferece uma centelha da primavera. As árvores se agitam em suas raízes à medida que o Sol ganha força.

Rituais de purificação e bênção são proeminentes.

Algumas perguntas temáticas:

- Que passos você está dando em direção aos seus sonhos?
- Quais sementes quero plantar nesta primavera?
- O que veio à tona na quietude do inverno?

O Tarô de Imbolc

A Temperança, o Enforcado, a Força e o naipe de Paus

A Preparação de Imbolc

Prepare os quadrantes para esse ritual com elementos que sugiram novos começos no Leste, criatividade no Sul, cura no Oeste e abundância no Norte. Uma vela para cada quadrante é especialmente eficaz, já que essa é a festa de bênção das velas (Candelária). Coloque as cartas Temperança, o Pendurado e Força no centro. Segure o naipe de Paus.

O Ritual de Imbolc

Invoque os quadrantes, mantendo em mente seus temas de novos começos, criatividade, cura e abundância. Escolha uma carta de Paus para cada estação. Após abrir os quadrantes, adote uma posição confortável no centro.

A Jornada de Imbolc

"Estou no início de um labirinto. * Não consigo ver o centro, mas confio que serei guiado até lá. * À medida que percorro as várias curvas e esquinas, a paisagem evolui para um cenário fantástico de estátuas evocativas e cercas-vivas. * Renuncio a controlar a situação para apreciar as descobertas e os símbolos ao longo do caminho. * [*Escolha uma das três cartas dos arcanos maiores.*] * O Aliado Divino escolhido se revela para mim. * Ele se junta a mim. * Sinto-me confortado por seu apoio enquanto percebo a última onda da escuridão e do peso do inverno. * Ele se comunica sobre a proteção do meu bem-estar, sobretudo os limites necessários no momento. * Chegamos a um lugar para descansar. * Eu lhe agradeço. * Ele se retira para o espaço limiar. * [*Escolha uma carta dos arcanos maiores entre as duas restantes.*] * O segundo Aliado Divino se aproxima. * Preciso me adaptar à sua energia, pois sinto todo o potencial da minha vida em sua presença. * Continuamos a percorrer o labirinto. * O percurso se transforma num caminho de muitas luzes. * O Aliado Divino fala sobre as formas como acrescento luz a este mundo. * A distância, consigo ver o centro. * O terceiro Aliado Divino me espera lá. * Com essa visão do novo guia, meu atual companheiro desaparece. * Dirijo-me ao centro com uma renovada sensação de ser amado. * O caminho termina neste ponto central. * Toda a área parece carregada de eletricidade quando entro nela. * Tomo meu lugar ao lado desse terceiro Aliado Divino. * Uma onda de energia de cura sobe pelos meus pés. * A energia é dirigida pelo Aliado Divino. * Sinto um novo eu por dentro, vulnerável, mas invencível. * Uma sensação de calma e confiança me preenche. * Esse Aliado Divino fala de como esse novo eu se manifestará no mundo. * Ele coloca o restante do naipe de Paus em minhas mãos antes de partir. * Eu também deixo esse magnífico centro para voltar ao ponto de partida. * Algumas dessas cartas de Paus representarão o processo de que precisarei pelo resto do ano. * Escolho cartas de Paus ao longo do caminho sempre que sinto o impulso, mantendo a ordem da sequência da escolha."

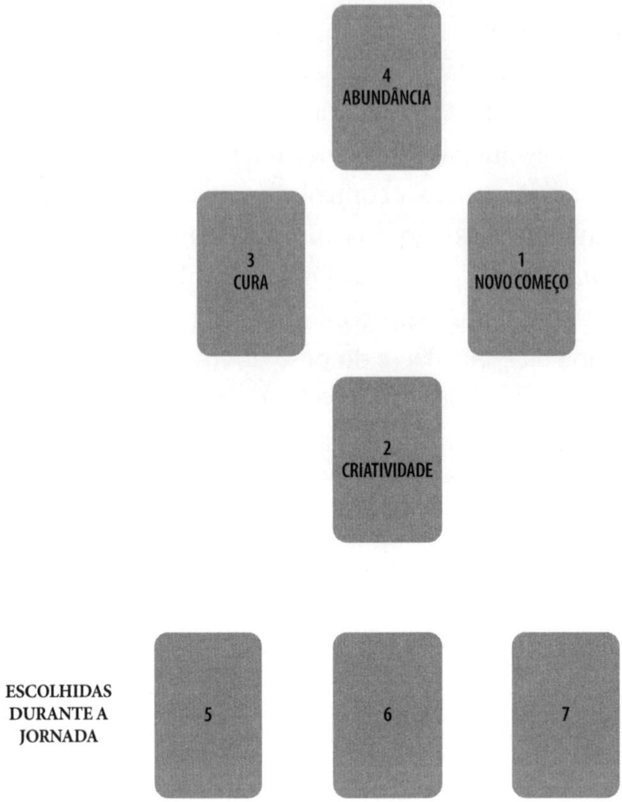

Imbolc

Respire devagar para retornar ao centro atual. Coloque as cartas de Paus na ordem em que foram escolhidas. Por exemplo, as cartas escolhidas para os quadrantes são:

- Ás de Paus como novos começos no Leste
- Cavaleiro de Paus como minha criatividade no Sul
- Seis de Paus mostra a cura no Oeste
- Três de Paus é a abundância no Norte

O Ás é um símbolo poderoso de um novo senso de identidade. Há muita vitalidade criativa, como mostra o Cavaleiro de Paus. O Seis de Paus revela decisões importantes do dia a dia para a cura. Talvez seja necessário esperar, mas a abundância está a caminho, conforme reflete o Três de Paus.

Digamos que, durante a jornada de volta, três cartas de Paus sejam escolhidas. A sequência é o Cinco de Paus, Dois de Paus e Rainha de Paus. As cartas escolhidas por impulso mostram um processo que é instável em alguns momentos, mas que resulta, no final, em um forte senso de visão criativa e poder. Essa onda de energia pode muito bem prevalecer pelo restante do ano.

Em sentido anti-horário, agradeça e libere os guardiões dos quadrantes. Cuide de si mesmo de alguma forma, talvez com um banho quente com sais de Epsom ou uma xícara de chocolate quente.

Ostara

Data e Designações de Ostara

HN 21 de março / HS 21 de setembro

Equinócio de primavera

Temas de Ostara

Ostara é o primeiro equinócio do ano. Ele marca partes iguais de luz e de escuridão, dia e noite. Esse ritual honra a ascensão de uma nova primavera, relacionando-a à ressurreição ou a uma fênix renascendo das cinzas.

Algumas perguntas temáticas:

Como você deseja se sentir renovado?

Que ideias ou relacionamentos estão começando a crescer de novas maneiras?

O Tarô de Ostara

O Louco, o Julgamento e todos os arcanos menores

A Preparação de Ostara

Neste ritual, um ovo cru será destruído e um ovo cozido será ingerido. Dependendo da sua capacidade de fazê-lo, o ovo cru será jogado fora de forma deliberada, num jardim ou na terra, para ser absorvido. Se isso não for viável, quebrar o ovo em uma tigela será suficiente. O ovo cozido (ou uma alternativa criativa, como um ovo de chocolate) deve ser preparado para ser comido durante o ritual.

Organize o baralho de tarô em três grupos. Primeiro, separe apenas as cartas do Louco e do Julgamento dos arcanos maiores. Em segundo lugar, separe o restante dos arcanos menores em três grupos: o Eu de Luz, o Eu de Escuridão e todos os outros. Essa estrutura é uma variação do ritual da Luz/Sombra/Escuridão (p. 140). Defina "luz" e "escuridão" de acordo com sua compreensão. Quaisquer cartas que não tenham a carga de uma ou da outra podem ir para um grupo de descarte.

Prepare os quadrantes usando símbolos da primavera, como mudas, flores etc. Coloque no centro as cartas do Louco e do Julgamento, além dos grupos de luz e escuridão. Coloque também o ovo cru (com a tigela, se necessário), o ovo cozido e uma caneta hidrográfica no centro.

O Ritual de Ostara

Invoque os quadrantes depois de ter realizado alguma forma de aterramento para si mesmo. Assuma seu lugar no centro.

Reserve alguns minutos para considerar a mensagem da carta do Julgamento sobre um eu autêntico emergindo. Embaralhe o grupo de cartas do Eu de Escuridão. Foque nas desarmonias atuais ou nos padrões crônicos. Escolha uma carta. Em uma ou duas palavras, descreva a essência dessa carta em relação ao que precisa ser liberado para que a verdadeira integração aconteça. Use a caneta para escrever essas palavras na casca do ovo cru.

Quer opte por jogar o ovo em uma área externa ou numa tigela, segure-o primeiro. Foque na desarmonia e na maneira como ela atravanca sua vida e comece a rolar o ovo em sua mão. Com o tempo, sinta a gema do ovo ganhar peso, como se estivesse absorvendo as consequências negativas. Envie todos os pensamentos ou energias indesejadas para a gema enquanto continua a rolar o ovo. Permita que a energia da frustração se acumule dentro de você, como se esse único aspecto consumisse sua vida por inteiro. Deixe essa pressão crescer tanto dentro de si quanto na gema. Quando estiver pronto, libere o ovo e a energia, jogando o ovo com toda a sua força na terra ou na tigela. Imagine a liberação desse padrão com esse gesto.

Restabeleça-se no centro. Transfira suavemente seu foco para a carta do Louco. Inspecione de perto seus detalhes. Enquanto embaralha e escolhe uma carta do grupo do Eu de Luz, imagine-se assumindo o movimento do Louco em direção à melhor versão de si mesmo. Escolha três cartas que signifiquem os próximos passos corretos rumo a esse destino. Observe as três cartas em busca de qualquer padrão ou estados de ser que possam ser úteis. Coloque sua mão alguns centímetros acima do ovo cozido. Use o Poder do Faz de Conta para transmitir a vitalidade dessas três cartas ao ovo. Saboreie cada mordida enquanto come o ovo. Ingira essas mensagens.

Agradeça e libere cada um dos quadrantes.

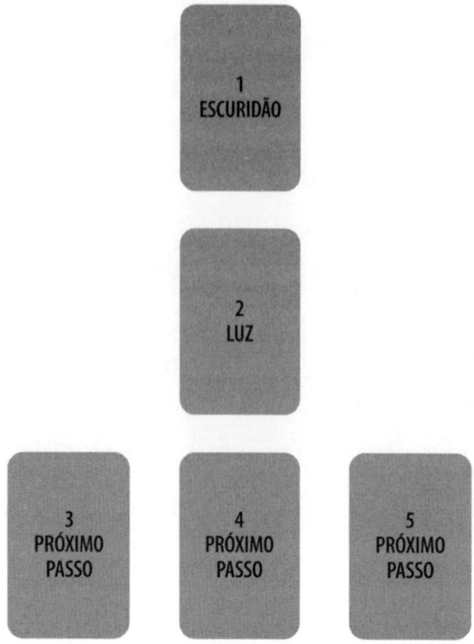

Ostara

Beltane

Data e Designações de Beltane

HN 30 de abril / HS 31 de outubro

Festa do Mastro

Temas de Beltane

O Beltane é um dos quatro festivais de fogo da Roda Celta. Os outros três são Imbolc, Lughnasadh e Samhain. Esse auge da primavera é uma homenagem ao casamento sagrado entre a Deusa e o Homem Verde.[6] A concepção e a fertilidade trarão benefícios futuros para todos neste planeta.

6. Do inglês *Green Man*, o Homem Verde é uma face do Deus Cornífero, uma das principais divindades cultuadas na Wicca e em diversas tradições de Bruxaria. É o amante divino da Grande Mãe, e juntos eles trazem bênçãos e sustentam os ciclos sagrados da vida. (N. do RT.)

Algumas perguntas temáticas:

- Quão comprometido você está com o amor?
- Que esperanças e sonhos podem ser realizados?
- Suas energias femininas e masculinas se apoiam mutuamente?
- Qual é a dança entre suas visões e manifestações?

O Tarô de Beltane

Os Enamorados, a Imperatriz, o Carro, o Mago, os Ases, os Reis e as Rainhas

A Preparação de Beltane

Prepare os quadrantes colocando um Ás em cada estação: Leste – Espadas, Sul – Paus, Oeste – Copas e Norte – Ouros. No centro, posicione o Mago no Leste, o Carro no Sul, os Enamorados no Oeste e a Imperatriz no Norte. No centro, coloque os dois grupos, o dos Reis e o das Rainhas.

O Ritual de Beltane

À medida que você abre os quadrantes, torne-se consciente da carga de cada um dos Ases. Escolha aquele que mais o inspira para ficar com você no centro, onde você se sentará.

A Jornada de Beltane

"Eu acordo e me vejo sentado num monte de terra. * Deixo que a terra me apoie completamente. Todas as minhas preocupações e pressões diminuem à medida que me torno mais presente. * Uma névoa suave aparece e aos poucos me envolve. * Estou sendo transportado para outro tempo e lugar. * Em certo momento, sinto que estou pousando. Meus pés tocam o chão. A névoa se dissipa. * Abro os olhos e vejo o novo ambiente. * A terra parece muito mais jovem, mais primordial.

* Estou em pé num vale florido. * Me deito nessa beleza. * Estou embriagado com a terra fértil sob mim e o céu azul brilhante acima. * Um grande buraco se abre na terra. Flutuo, descendo pelas camadas de rocha e solo negro. * À medida que desço, estou consciente de me tornar o Ás que me chamou durante a invocação dos quadrantes. * Sou a energia pura desse Ás. * A única sensação restante de quem eu era é a minha respiração. * O Mago aparece no Leste. * Ele canaliza as energias elevadas e as envia como uma onda para mim. * A vitalidade dessa onda molda meu ser. Tomo forma. * Minha essência agora tem uma borda externa. * Desfruto da sensação de sentir e perceber o solo. * O Carro aparece no Sul. * Ele envia raios de luz de seu plexo solar para mim. * Sinto uma sensação de movimento ascendente através do solo. * Cresço de forma lenta e constante com o apoio da vontade do Carro. * Sinto-me à vontade enquanto me alongo para cima. * Os Enamorados se manifestam no Oeste. * Eles enviam águas refrescantes para mim. * Meu crescimento se acelera em todas as direções. * Foco apenas para cima e continuo a ficar mais forte e mais resistente. * A Imperatriz aparece no Norte. * Ela me ajuda a romper a superfície da terra para sentir o Sol e o céu. * A Imperatriz me guia para trazer minha essência deste Ás para o mundo."

Reserve alguns minutos para se fazer presente no centro por completo. Considere sua experiência do ciclo de crescimento do Ás escolhido.

Embaralhe as quatro Rainhas viradas para baixo. Escolha uma Rainha em particular. Ela fala sobre as características femininas ou yin necessárias para que esse Ás/ideia/estado de ser venha à existência. Faça o mesmo com os quatro Reis para selecionar aquele cujos aspectos masculinos ou yang são mais necessários para o crescimento e a manifestação. Considere um casamento sagrado entre essa Rainha e esse Rei. Qual poderia ser a sua maior força e alquimia enquanto casal? Sinta essa união dentro de si.

Feche o círculo com gratidão. Registre as impressões de sua jornada e da Rainha e do Rei deste Beltane.

Beltane

Litha

DATA E DESIGNAÇÕES DE LITHA

HN 22 de junho / HS 22 de dezembro

Solstício de verão

TEMAS DE LITHA

Litha marca a observação do Sol em seu ápice. Chegamos ao topo da roda. O Sol, em toda a sua potência, impregna a terra.

Algumas perguntas temáticas:

- Em qual propósito mais elevado você está disposto a se perder?
- Quem ou o que você serve?
- O que deseja ser expresso plenamente?

O TARÔ DE LITHA

O Louco, o Mago, a Sacerdotisa, o Mundo e os arcanos menores

A Preparação de Litha

Decore os quadrantes com ervas e flores variadas. Separe os arcanos menores em seus próprios naipes. Posicione o naipe de Espadas no Leste, o de Paus no Sul, o de Copas no Oeste e o de Ouros no Norte. Coloque no centro os quatro arcanos maiores mencionados. Coloque um punhado de ervas sazonais, um isqueiro e um recipiente no quadrante Leste.

O Ritual de Litha

Como na jornada de Samhain (p. 186), limpe suas energias com a fumaça de um punhado de ervas. Começando pelo Leste, caminhe devagar no sentido horário com as ervas fumegantes. Faça um círculo completo. Em cada direção, peça inspiração aos guardiões amorosos daquele elemento enquanto embaralha seus arcanos menores. Escolha uma carta em cada um dos quadrantes e coloque-as viradas para baixo no centro. Sente-se no centro.

A Jornada de Litha

"Estou na borda de um penhasco. * Sinto um potencial completo diante de mim. * Sou capaz de sair do medo e das restrições de minhas próprias crenças. * Dou um passo rumo ao desconhecido. * A princípio, estou cercado por nuvens por todos os lados, sentindo o nada sob mim enquanto flutuo. * Estou sendo movido como se estivesse nas correntes de um rio. * Ao longe, um cachorro late. * As nuvens parecem se dissipar à medida que sinto que estou descendo para uma clareira num platô. * Um cachorrinho me espera e corre à minha frente por um caminho. * Sinto meu corpo leve e solto. * Sigo as curvas do caminho em direção a um bosque. * Um altar de pedra se ergue em meio às árvores. * No altar, vejo os quatro arcanos menores escolhidos anteriormente no ritual. * Vejo o potencial de algo muito especial nessas quatro cartas. * A energia flui pelo meu corpo enquanto me torno consciente das árvores e do céu ao meu redor. * Levanto a mão acima de cada uma para absorver seu poder. [*Literalmente, faça o mesmo com as quatro cartas reais.*] * Minha mão irradia luz. * As cartas aos poucos desaparecem e, em seus lugares, aparecem as quatro ferramentas em si, minha espada, minha vara, meu cálice e meu pentáculo. * Eu as coloco em minha bolsa e continuo seguindo o caminho. * A paisagem de árvores e vegetação aos poucos evolui e se torna um deserto branco. * As areias são os restos do que já foi um grande mar. * À frente está um templo. Vou em direção a ele. * Sinto o cheiro de incenso flutuando no ar perto da entrada do templo. * Entro no templo e sinto um alívio instantâneo do calor seco. * Há um trono situado entre um pilar preto e um pilar branco. * Uma corrente tão forte quanto a que havia nas nuvens me move, fazendo-me tomar meu lugar neste trono. * A alegria de apenas estar neste trono é combinada com a magia das nuvens e os elementos do altar. * Um pergaminho aparece em meu colo. É o roteiro desta encarnação que foi criado antes de eu assumir esta forma. * Sinto um destino que é alcançável. Estou em paz. * Fecho os olhos e sou transportado de volta para a borda do penhasco. * Uma imagem do meu Eu Predestinado, aquele que completou esta encarnação, aparece completa no céu diante de mim. * Dou um passo em direção a ela."

Reserve alguns minutos para retornar a este tempo e lugar atuais. Permita que percepções adicionais venham desta jornada do Louco no caminho, do Mago no altar, da Sacerdotisa no templo do deserto e do momento final de se tornar o dançarino cósmico na carta do Mundo. Feche os quatro quadrantes. Aproveite a longa noite de verão de alguma forma – com uma caminhada, por exemplo.

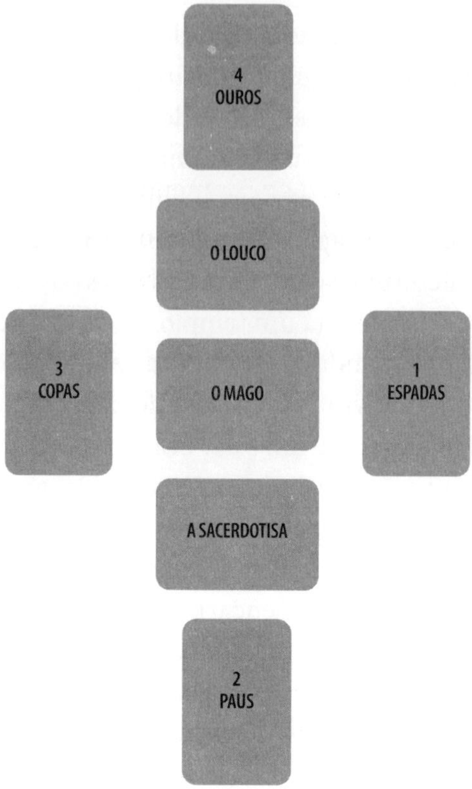

Litha

Lughnasadh

Data e Designações de Lughnasadh
HN 31 de julho / HS 2 de fevereiro
Lammas (Festival da Primeira Colheita)

Temas de Lughnasadh

Lughnasadh, ou Lammas, é um festival gaélico que começa na época das primeiras colheitas de cereais do ano. O Sol, como rei, era considerado divino e precisava morrer para que sua força fosse transmitida à terra para a colheita. As pessoas celebravam essa época com festas, casamentos e competições.

Algumas perguntas temáticas:

- O que precisa de ação no momento?
- Como você pode aceitar plenamente as consequências atuais como resultado de suas escolhas passadas?

O Tarô de Lughnasadh

O Pendurado, a Justiça e o naipe de Copas

A Preparação de Lughnasadh

Coloque uma variedade de frutas, pães, nozes e vinho ou suco de uva nos quatro quadrantes. Embaralhe e coloque as cartas de copas, o Pendurado e a Justiça no centro.

O Ritual de Lughnasadh

À medida que abre os quadrantes, tome um gole ou experimente o alimento em cada estação. Assuma seu lugar no centro para a jornada.

A Jornada de Lughnasadh

"Estou sentado no meio de um grande campo. * Sou grato por tudo que este planeta me oferece. * Sinto a tranquilidade de uma tarde quente. O som dos pássaros preenche o ar. * Meus pensamentos começam a fluir com facilidade. * Deito-me de costas. Gotículas de chuva começam a cair sobre mim. Uma chuva suave começa. * Sinto como se fizesse parte da terra; minha sede é saciada. * Honro a capacidade do meu coração de amar a vida. * O Sol reaparece. Ouço uma sinfonia de cigarras. Tenho plena consciência do meu corpo e de tudo que ele faz por mim. * Aprecio o Sol e o calor que ele proporciona. * Sento-me e aproveito o restante do sol de verão. Estou em casa aqui. Estou em casa em mim mesmo."

Escolha cartas suficientes do naipe de Copas junto com o Pendurado e a Justiça para criar um leque para si. Feche os olhos enquanto desacelera sua respiração, pensamentos e sentimentos. Abane-se com o leque sob os últimos raios deste sol quente. Que visão pode surgir? O que precisa acontecer antes que os ritmos do outono cheguem? Do leque, selecione três a seis cartas. Deixe a história se desenrolar através de cada uma das imagens, como numa das tiragens narrativas (p. 61). Reúna as mensagens para reflexões posteriores à medida que a estação avança. Se você tirou a carta do Pendurado ou da Justiça, concentre-se em seus temas diariamente até o próximo equinócio.

Quando se sentir satisfeito, vá a cada quadrante com gratidão e faça um gesto de fechamento dos véus. Ofereça os alimentos dos quadrantes às criaturas que vivem ao ar livre.

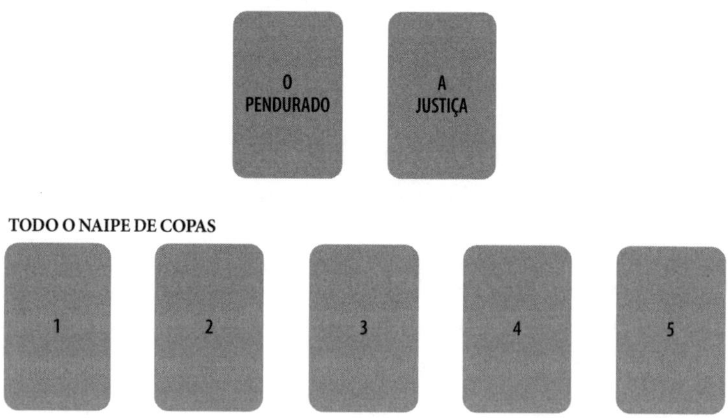

Lughnasadh

Mabon

Data e Designações de Mabon

HN 21 de setembro / HS 21 de março

Equinócio de outono

Temas de Mabon

Este equinócio marca o último momento do ano em que luz e escuridão se equilibram. Encontrar um ponto neutro pode influenciar uma entrada tranquila na crescente escuridão. É a segunda colheita e é celebrada com banquetes e agradecimentos.

Algumas perguntas temáticas:

- O que você precisa ouvir?
- Quais hábitos, crenças ou relacionamentos precisam chegar ao fim?
- Como você expressa gratidão pelas pessoas em sua vida?

O Tarô de Mabon

A Morte, a Imperatriz, a Lua, o Sol e o restante do baralho

A Preparação de Mabon

Decore os quadrantes com velas e essências de outono, como maçãs, pinhas, folhas, abóboras e cidra. Posicione a carta do Sol no Leste, a Morte no Sul, a Lua no Oeste e a Imperatriz no Norte. Coloque o restante do baralho virado para baixo no centro.

O Ritual de Mabon

Abra os quadrantes com as seguintes reflexões em cada estação:

- Leste: Permita que a carta do Sol reflita a alegria, o prazer e os dons desta época do ano.
- Sul: Reflita sobre a carta da Morte em relação a perdas e desafios.
- Oeste: Foque na carta da Lua, na maneira como o mistério está se movimentando em sua vida.
- Norte: Com a energia da carta da Imperatriz, agradeça por todas as maneiras pelas quais você é abençoado e amado.

Vá até o centro. A jornada é uma meditação de quinze minutos voltada para dentro, em busca do equilíbrio das energias. Escolha cartas durante a meditação quando sentir o impulso. Coloque-as viradas para baixo e continue a meditação. Essas cartas ajudarão a fortalecer seu senso de seus próprios aspectos de luz e escuridão. Após a meditação, observe as cartas escolhidas como formas de equilibrar suas energias. Pode ser útil ter uma palavra-chave para cada carta; isso não apenas facilita a compreensão, como as cartas juntas podem compor uma mensagem completa.

Quando estiver pronto, feche os quadrantes com gratidão. Saboreie cada mordida ou gole.

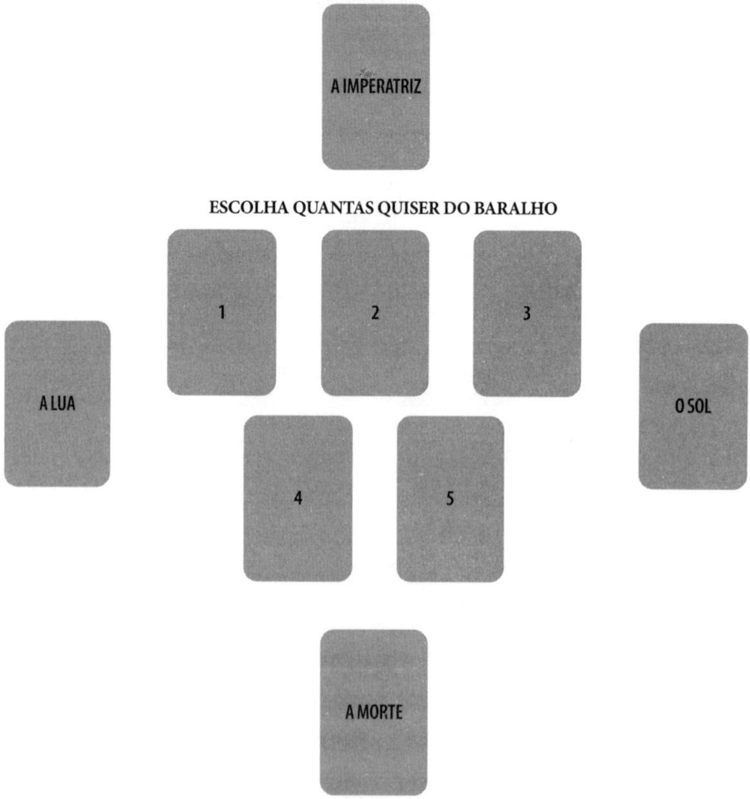

Mabon

Resumo

Os rituais do calendário deste capítulo honram o recurso do tempo. O culto semanal do ritual da Grade de Domingo, o ritual mensal da Lua e os rituais de Aniversário fortalecem a conexão com o grande ritmo do Desconhecido Criativo.

A Roda do Ano é apresentada por meio da estrutura dos oito pontos de virada célticos - Samhain, Yule, Imbolc, Ostara, Beltane, Litha, Lughnasadh e Mabon. Em vez de um ano-calendário, cada um desses oito rituais reflete a dança dinâmica de luz e escuridão. Cada dia sagrado é descrito. Temas e cartas de tarô relacionadas a cada ponto de virada são oferecidos para exploração e inspiração para uma jornada.

Capítulo Oito

RITUAIS EM GRUPO

Os rituais deste capítulo podem ser usados em encontros de quatro ou mais participantes, incluindo *workshops*, conferências, reuniões informais e atividades de formação de equipes. Diferente do capítulo anterior, que usava principalmente o Ritual de Invocação do Círculo para criar um espaço sagrado, esses rituais tendem mais para explorações educativas. As sugestões de movimentação dentro do espaço e do tempo podem ser adaptadas para seus próprios objetivos. Vamos começar com sugestões para criar fortes dinâmicas de grupo.

Criar um ambiente onde todos se sintam seguros para seguir sua própria curiosidade requer algumas práticas essenciais. Se for possível, arranje os assentos em um círculo. Um excelente recurso para trabalhos em grupo que utiliza o círculo como estrutura principal é a metodologia de *The Circle Way: A Leader in Every Chair*, de Ann Linnea e Christina Baldwin. Seus princípios fundamentais de segurança, limites e propósito levam os grupos a novos níveis de confiança. Além dessa estrutura rica, o Modelo de Criar a Atmosfera Perfeita é composto por princípios que constroem um ambiente eficaz para que a atividade planejada prospere.

Modelo de Criar a Atmosfera Perfeita

Abertura

Cumprimente a todos quando entrarem na sala.

Apresente-se e faça um resumo do encontro.

Mencione informações essenciais, como a localização dos banheiros e os horários dos intervalos.

Haverá diferentes níveis de experiência com o tarô. Certifique-se de acolher tanto os iniciantes quanto os leitores experientes. Se houver pessoas que nunca tiveram contato com o tarô, sugira ideias que as ajudem a confiar na história que a imagem lhes sugere (em vez de tentar aplicar definições tradicionais das cartas). Apresente o Poder do Faz de Conta para encorajá-las a confiar na própria imaginação, entendendo que sentimentos as cartas escolhidas lhes trazem.

Confidencialidade

Peça aos participantes que levantem as mãos como um sinal de que concordam em manter tudo o que for discutido pelo grupo em total sigilo.

Expectativas

Um esclarecimento importante: num grupo de colegas, cada qual deve ser responsável pelo seu próprio bem-estar. Se alguém não quiser participar ou responder, ofereça a opção de dizer "passo". A escolha da pessoa deverá ser respeitada sem questionamentos. Se alguém decidir não se envolver numa atividade, deverá respeitar os demais, permanecendo em silêncio e observando.

Aqueles que se sentem desconfortáveis em falar num ambiente de grupo devem ser incentivados a falar primeiro. Aqueles que se sentem à vontade para expressar suas opiniões podem ser convidados a esperar que os outros falem. Todas as conversas paralelas devem ser desencorajadas enquanto alguém estiver falando.

Desencoraje os participantes de procurar definições de cartas em livros ou em celulares. Esse encontro é uma investigação da autoridade criativa de cada um. Não há certo ou errado, apenas perspectivas momentâneas.

Registro de chegada

Providencie um baralho a cada participante, caso não tenham um. Peça que todos embaralhem suas cartas e escolham uma. Instrua os que estão no círculo a não olharem para suas cartas até que seja a vez deles de fazer o registro de chegada. Começando pela pessoa à sua esquerda, vá seguindo o círculo no sentido horário. Peça que cada pessoa diga seu nome e uma única palavra para capturar seu nível de energia atual (cansada, animada, relaxada, curiosa etc.). Em seguida, peça que olhe para a carta e descreva qual é a mensagem dela ou a sensação imediata daquilo que quer emergir para ela neste encontro.

Durante a Atividade Planejada

Se necessário, lembre gentilmente as pessoas sobre os limites que foram estabelecidos. Por exemplo, pode ser necessário encorajar os mais tímidos a se manifestarem ou pedir a todos os participantes que se mantenham atentos aos limites de tempo.

Feedback

Discutir a atividade pode aumentar a compreensão sobre ela. Seja claro sobre a estrutura do *feedback*. Por exemplo, peça que todos respondam, limitando o *feedback* verbal a no máximo três minutos para cada. Você também pode abrir a discussão pedindo que apenas três pessoas respondam, se o grupo for grande. Permitir que as pessoas respondam de maneira mais livre (como e quem quiser) é menos rígido e remove a pressão de que todos precisam se manifestar. Encoraje os mais tímidos a participar. Dê lembretes gentis sobre os limites de tempo.

Encerramento

Começando pela pessoa à sua direita e seguindo no sentido anti-horário, faça duas perguntas finais a todos: Quais *insights* você gostaria de lembrar deste encontro? Como a mensagem da carta inicial se manifestou para você?

Quando canalizadas de maneira adequada, as dinâmicas de grupo são poderosas. Como uma habilidade, elas garantem que todos se sintam validados. (Veja o caminho do círculo mencionado anteriormente, criado por Ann Linnea e Christina Baldwin.) Se o tempo permitir, o Ritual das Queixas Mentais é um pouco mais complexo no modo como estabelece a confiança, mas vale o esforço.

Ritual das Queixas Mentais

O ideal é que o Ritual das Queixas Mentais ocorra após o registro de chegada, mas antes da atividade principal. Este ritual ajuda todos a se tornarem mais presentes consigo mesmos e, portanto, com o grupo. Forneça a todos uma ficha pautada. Peça que todos passem três minutos anotando cinco coisas que estão ocupando seu cérebro no momento: queixas triviais, grandes preocupações, obrigações que não param de incomodá-los, inseguranças, desejos, fantasias ou expectativas sobre si mesmos ou sobre esse encontro. Alguns exemplos podem ser: *essas cadeiras não são confortáveis; tenho que lavar roupa quando voltar para casa; ele conseguirá se adaptar numa casa de repouso?* Devem registrar qualquer pensamento que seja barulhento ou persistente, sem censura. Se os pensamentos forem sobre outra pessoa, devem ser usados apenas pronomes, não nomes formais. Essas queixas serão dissolvidas de forma coletiva, então não há receio de que o indivíduo compartilhe queixas pessoais.

Após cinco minutos, colete todas as fichas. Embaralhe-as bem. Diminua as luzes e peça que todos fechem os olhos enquanto imaginam o centro da sala como um poderoso portal para o Sagrado Criativo. Peça que escutem com o coração aberto as coisas que enfrentamos todos os dias. Usando o Poder do Faz de Conta, sugira que cada pessoa envie cada queixa para o portal na sala para libertar a pessoa que escreveu dessas energias. Leia pelo menos uma queixa de cada ficha, devagar. A energia de todo o grupo pode mudar durante esse ato de empatia e liberação.

Ao terminar, coloque a pilha de fichas com queixas num local designado. Sugira que as pessoas pensem nesse portal a fim de se focarem novamente, caso seus pensamentos comecem a se desviar ou sua energia diminuir. Após o encontro, descarte todas as fichas. Queimá-las é satisfatório e eficaz. Deve-se pelo menos rasgá-las de forma que fiquem irreconhecíveis.

Ritual Quebra-Gelo

Outro ritual que proporciona uma forte sensação de conexão entre um grupo é o Ritual Quebra-Gelo. Ele serve como um excelente primeiro exercício, quer o encontro seja realizado por algumas horas ou por um fim de semana inteiro. Esse ritual comporta doze ou mais participantes. Se houver menos, pode ser adaptado na forma de uma discussão. As cartas geram um foco colaborativo para cada participante.

Peça que todos passem alguns minutos embaralhando suas cartas enquanto pensam sobre sua vida recente. Usar um único baralho para todos escolherem também é uma opção. Peça que escolham uma carta para receber um *insight* sobre como melhorar a qualidade do amor na vida diária. Permita que se dirijam a qualquer lugar do espaço para se sentarem em silêncio e refletirem com essa carta por cinco minutos. Para aqueles que são novatos no tarô, encoraje-os com algumas das ideias de observação do Ritual para Entrar na Carta (p. 46), como quais pensamentos, memórias, mensagens ou ideias estão sendo ativados dentro de si.

Após esse tempo, a carta escolhida se torna o ingresso para sua família de tarô durante a sessão. Por exemplo, se alguém tirou a carta Quatro de Espadas, se juntará à família do naipe de Espadas. Instrua todos a encontrarem seus colegas de grupo na área designada de suas famílias de tarô.

FAMÍLIA	LOCAL NA SALA	TEMA DA FAMÍLIA
Ás-10 de Espadas	Parede Leste	Poder
Ás-10 de Paus	Parede Sul	Ideias
Ás-10 de Copas	Parede Oeste	Visão
Ás-10 de Ouros	Parede Norte	Recursos
Cartas da Corte	Centro da sala	Humanidade
Arcanos Maiores	Reserve uma outra sala	Mistério

Os participantes que tirarem cartas dos arcanos maiores não precisarão colaborar ou encontrar um tema comum entre si. Em vez disso, esses membros do grupo permanecem como indivíduos. Eles usam seus quinze minutos e o Poder do Faz de Conta para incorporar seus arcanos maiores e criar uma mensagem única sobre como elevar o nível de amor dentro do mistério.

Após os quinze minutos, cada grupo deve escolher um orador para transmitir a mensagem de sua família ao grupo maior. Direcione todos de volta aos seus lugares originais, exceto os cinco oradores e o grupo dos arcanos maiores. Começando pela família do naipe de Espadas, cada orador relatará a mensagem que traz *insights* sobre os temas de poder (Espadas), ideias (Paus), visão (Copas), recursos (Ouros) e humanidade (cartas da corte) de suas respectivas famílias.

Para o *grand finale*, peça que os oradores fiquem em silêncio no círculo enquanto cada arcano maior se apresenta. Em silêncio, cada um caminhará ao redor dos outros oradores três vezes. Em seguida, cada um se posicionará no centro para fazer uma declaração sucinta ao coletivo sobre o mistério. Essa mensagem pode ser expressa em termos poéticos ou míticos sobre as grandes forças de amor e orientação que estão atualmente disponíveis para o coletivo. Por exemplo, uma pessoa escolheu a Sacerdotisa. Depois que os oradores das outras famílias de tarô falarem, essa sacerdotisa anuncia seu título. Ela caminha devagar ao redor dos outros oradores e se dirige em silêncio para o centro do círculo. Fingindo ler de um pergaminho, diz: "Meus caros, muito está oculto de nós agora, mas saibam que há um grande amor atuando por trás de véus fechados. Sejam pacientes. Tudo será revelado no tempo divino". Os demais membros do grupo dos arcanos maiores realizarão algo semelhante, um por um. Encoraje os participantes sem muito conhecimento sobre tarô a usarem o Poder do Faz de Conta e desfrutarem da teatralidade de assumir essa *persona*. O esforço coletivo de criar mensagens para todo o grupo tem um forte efeito de união.

Ritual do Estranho na Cidade

Outra cerimônia que pode criar uma forte conexão entre um grupo é o Ritual do Estranho na Cidade. Esse ritual pede que os leitores determinem culturas fictícias que levam à criação de resultados não fictícios. Ele requer um mínimo de nove participantes.

Divida os participantes da forma mais equilibrada possível em mesas ou em vários círculos de cadeiras. Cada grupo decide em conjunto como escolherá três cartas. Após as cartas serem escolhidas, os grupos têm quinze minutos para decidir três valores principais de sua "cidade" fictícia (ou seja, de seu círculo).

Encoraje os participantes a serem criativos e a se inspirarem na ficção científica e na fantasia. Por exemplo, com o Cavaleiro de Paus, que é luxurioso e despreocupado, como um princípio maior, eles poderiam ser um povo que não acredita no casamento, portanto, ninguém na cidade jamais se casa. As três cartas juntas também poderiam revelar um valor importante. Por exemplo, uma mesa pode ter escolhido o Ás de Copas, o Seis de Copas e o Nove de Paus. O amor do Ás de Copas, a inocência do Seis de Copas e a qualidade reservada do Nove de Paus poderiam se combinar para criar o valor de que, nesta cidade, todas as disputas são resolvidas jogando um jogo.

Escolha um participante de cada cidade (mesa) para ir a outra cidade. Use um método para fazer isso, talvez uma pessoa do signo de Áries de cada mesa ou aqueles que estão vestindo verde etc. Esses participantes selecionados serão todos considerados o Exilado 1 na nova mesa. Durante dez minutos, o exilado permanece em silêncio enquanto observa os habitantes da nova cidade representando um de seus valores escolhidos. Durante essa demonstração, nada é explicado ao exilado. Usando os exemplos anteriores, os habitantes da cidade podem falar sobre a irrelevância de usar alianças de casamento, ou dois dos "cidadãos" poderiam ter uma discussão e começar a jogar pedra, papel e tesoura para resolvê-la.

Escolha um segundo participante de cada mesa, que será conhecido como Exilado 2, para se juntar ao seu colega de cidade, Exilado 1. Durante cinco minutos, os habitantes daquela mesa permanecem em silêncio enquanto o Exilado 1 informa o Exilado 2 sobre como se comportar de acordo com as novas regras. Em seguida, os exilados falam sobre a cultura de sua cidade natal.

Peça a todos que retornem à mesa original. Encoraje um fluxo livre de percepções de cada membro sobre suas experiências durante dez minutos. Ao final do ritual, o *feedback* com o grupo inteiro torna-se poderoso quando vem de cada mesa:

1. O Exilado 1 fala de sua experiência antes de ser acompanhado por seu colega de cidade.
2. O Exilado 1 comenta sobre qualquer mudança de pensamento ou sentimento ao ser acompanhado pelo Exilado 2.
3. Um membro da cidade fala sobre como se sentiu enquanto precisava permanecer em silêncio para ouvir os dois exilados.
4. O Exilado 2 fala do que aprendeu sobre a outra cidade.

O Ritual do Estranho na Cidade não apenas apoia o trabalho colaborativo na interpretação das cartas, mas também ajuda as pessoas a explorar como suas percepções podem ser moldadas por outras. É uma experiência poderosa sobre exilados, uma dinâmica que provoca uma consciência muito necessária em todos nós.

Ritual da Nossa História

A colaboração entre leitores de diversos níveis de conhecimento pode gerar resultados incríveis. Os leitores, desde iniciantes até praticantes experientes, podem desfrutar de como o Ritual da Nossa História gera muitas histórias diferentes usando a mesma carta de tarô. Esse ritual funciona bem com um grupo de quatro a seis participantes. O líder pode participar como um membro.

Informe a todos que uma carta de tarô trará muitas histórias e memórias. Apenas uma carta será selecionada para todo o grupo. Durante esse ritual, um gesto será coletado de cada pessoa, proveniente de movimentos naturais enquanto contam sua história. Cada participante será solicitado a dar permissão para usar um gesto que foi observado pelo líder. Não há necessidade de atuar ou pensar demais em nada.

Peça que uma pessoa embaralhe um baralho e tire uma carta. Essa carta será passada para cada leitor no círculo para trazer à tona uma memória ou história pessoal. Encoraje qualquer história que pareça ser despertada, não importando se a conexão com a carta faz sentido ou não para os outros. Cada pessoa terá três minutos. Como líder, observe qualquer gesto da primeira pessoa a falar de sua história. Esse gesto pode ser algo sutil como inclinar a cabeça, encolher os ombros ou um aceno de mão. Quando terminar, peça permissão para usar o gesto. A pessoa tem total autoridade criativa para dizer não ou querer que outro gesto seja utilizado. Demonstre o gesto para o grupo e peça que todos imitem o movimento.

Peça que cada leitor fale sobre sua história. Pergunte se pode refletir um gesto enquanto ele conta sua história e, em seguida, peça ao grupo que o copie. Esteja ciente, no entanto, de que as pessoas ficarão constrangidas quando souberem que seus gestos estão sendo observados. Talvez seja bom fazer algumas pausas entre os leitores para que todos fechem os olhos, respirem e deixem seus corpos se moverem sem julgamento.

Uma vez que todos tenham contado suas histórias, passe a carta de novo. Nesta segunda rodada, cada participante repete seu gesto devagar em silêncio. O grupo responde espelhando esse gesto. Faça uma terceira rodada de execução dos gestos juntos num ritmo moderado.

Abra o espaço para *feedback*. Você pode perguntar como a carta evoluiu à medida que se tornou cada vez mais não verbal. Outro tópico poderia ser a experiência deles com os gestos pessoais criando uma história maior para todos.

Como uma linguagem de imagens, o tarô se presta a abrir memórias e associações, muito semelhante ao teste de manchas de tinta de Rorschach. O Ritual da Nossa História contribui para a intimidade do grupo por meio da observação do que está sendo dito em palavras e gestos. Muitas vezes, a história culminante é um poderoso testemunho dessa única carta.

Ritual da Cruz Celta

A narrativa é uma consequência natural do uso frequente do tarô enquanto ferramenta de trabalho. A Cruz Celta, a tiragem mais tradicional, serve como uma base para uma boa história. Existem variações da tiragem da Cruz Celta; portanto, escolha a que preferir se o exemplo não se adequar bem. Uma pessoa irá representar cada posição dessa tiragem no ritual da Cruz Celta, por isso seria útil ter pelo menos onze participantes - dez pessoas para a tiragem e uma como consulente. O líder pode ser também um dos participantes.

Peça a todos que tirem alguns minutos para criar uma pergunta específica. Se necessário, inspire-se nas ideias do Ritual do Coelho Gordo (p. 159) para perguntas pertinentes e pessoais.

O próximo passo é determinar quem será o consulente. Como líder, escolha uma carta. Peça a todos que escolham uma carta. A pessoa que tiver uma carta mais próxima em relação à que você escolheu se torna o consulente. Por exemplo, se você escolheu a Rainha de Ouros, o participante que escolheu uma carta de corte de ouros se torna o consulente. Se nenhuma carta se aproximar da sua em termos de naipe ou posição, use seu critério ou faça todos escolherem de novo.

O consulente declara sua pergunta em voz alta. Omitindo a carta do consulente, um voluntário embaralha e coloca dez cartas selecionadas na tiragem da Cruz Celta (forneça ao grupo um diagrama fácil de seguir). Dê três minutos para que todos olhem em silêncio para a tiragem com a pergunta do consulente em mente. Peça a cada participante que escolha uma das dez cartas e assuma a posição equivalente, numa formação de tiragem da Cruz Celta em pé na sala.

1. A situação
2. Influências que afetam a situação
3. Raízes profundas relacionadas a essa situação

4. Passado recente
5. Expectativa do consulente
6. Futuro próximo
7. Atitude do consulente
8. Tempo ou influências mundanas
9. Esperança ou medo do consulente
10. Resultado possível

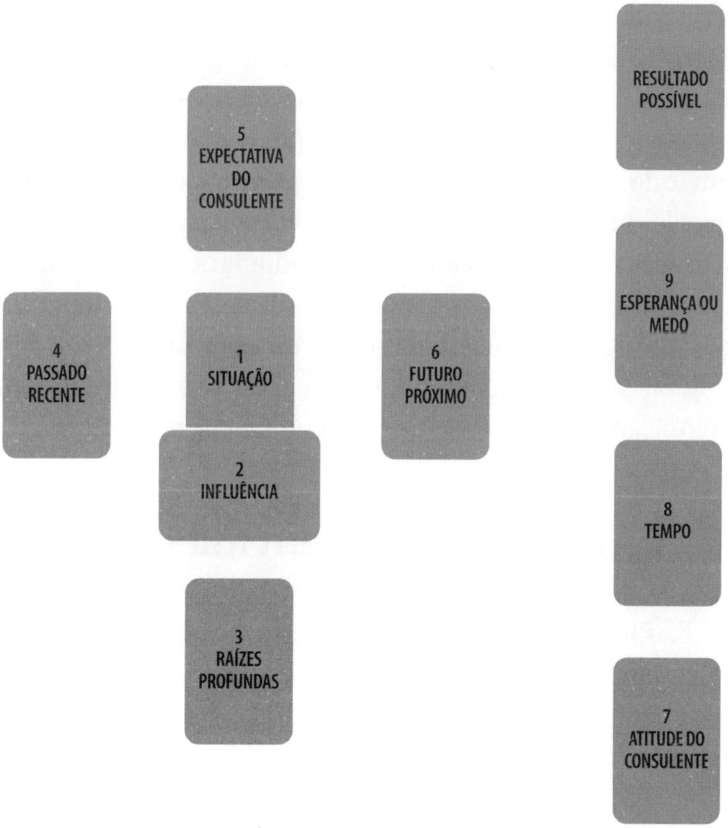

Cruz Celta

O consulente irá até cada pessoa na tiragem e fará sua pergunta em voz alta. Comece pela primeira posição e siga a sequência numérica. Cada pessoa iniciará sua resposta afirmando sua posição. O objetivo é que cada pessoa responda da perspectiva de sua carta e posição na tiragem. Por exemplo, se o consulente pergunta se seu *hobby* pode se tornar um pequeno negócio, e a carta da sétima posição é o Três de Ouros, a pessoa que fala como o Três de Ouros diria: "Eu sou sua atitude. Como Três de Ouros, aconselho que reserve algum tempo para aprender o máximo possível sobre como iniciar um pequeno negócio enquanto continua a aprimorar suas habilidades".

Depois que o consulente tiver recebido percepções de todas as posições, faça com que todos voltem a seus lugares originais. Convide o consulente a compartilhar seu *feedback* e o que ele achou da leitura como um todo. Permita que outros deem *feedback* sobre sua experiência ou como a leitura evoluiu a partir da sua visão inicial.

A tiragem da Cruz Celta é a mais popular entre as tiragens, mas exige tempo e prática para encontrar seu ritmo. Permitir que diferentes vozes dessa tiragem sejam ouvidas oferece a oportunidade de desenvolver habilidades sólidas de leitura. O Ritual da Cruz Celta proporciona uma exploração visceral dessa tiragem completa e detalhada.

Ritual da Imagem Inicial

Compartilhar histórias por meio de uma carta ou interpretar uma tiragem completa de tarô pode abrir portas para novas perspectivas. Outra atividade em grupo é apoiar uns aos outros na prática de certas habilidades de leitura. Para desenvolver habilidades psíquicas, é preciso uma prática tangível. O Ritual da Imagem Inicial oferece uma estrutura para isso. Embora seja de fácil adaptação para o trabalho em duplas, os benefícios do apoio mútuo e das respostas diversas quando praticado em grupo são profundos.

A "imagem inicial" é uma impressão rápida ou mensagem psíquica antes de ler qualquer carta. Ela pode ser recebida como uma sensação visceral, imagem visual, cena curta ou uma sensação de "saber" sem explicação. Esse saber significa que você de fato não vê nada, mas sente uma história que aparece em sua imaginação. Pode parecer que está inventando, mas confie que está *recebendo*. Isso é útil para encontrar o tom ou a direção certa para a eficácia do impacto da leitura para o consulente. No Ritual da Imagem Inicial, o grupo receberá uma imagem inicial para o consulente.

Peça a um voluntário que receba uma leitura em grupo. Peça que se sente num lugar onde fique bem visível a todos. Instrua o consulente a dedicar alguns minutos para formular uma pergunta para si mesmo. O grupo pode apoiá-lo usando o Ritual do Coelho Gordo (p. 159) ou algo semelhante, com o consulente escolhendo, ao final, a pergunta, que ele guardará em silêncio.

Peça a todos que fechem os olhos enquanto o consulente diz seu nome completo três vezes. Depois, peça ao grupo que abra os olhos. Durante três minutos, o grupo irá observar o consulente utilizando o Poder do Faz de Conta, recebendo imagens, energias, sensações ou mensagens sobre a energia do consulente. O consulente mantém os olhos fechados e foca apenas em sua pergunta.

Convide o consulente a abrir os olhos e peça aos leitores que compartilhem suas impressões e o que receberam durante a observação. Em seguida, peça ao consulente que revele sua pergunta. Cada leitor escolhe uma carta aleatória como resposta. Instrua os leitores a incorporar tudo o que perceberam inicialmente e a carta escolhida na resposta à pergunta do consulente.

Por exemplo, enquanto o consulente pensava em sua pergunta, um leitor recebeu uma cena do consulente, muito mais jovem, ficando zangado ao jogar algum jogo de tabuleiro. O consulente pergunta: "O que eu preciso saber sobre a próxima reunião de família?". O leitor escolheu o Cinco de Paus. O leitor responde que a competição é uma dinâmica muito intensa dentro da família, então evite entrar no jogo ou conserve o senso de humor.

O foco do *feedback* está na experiência de receber a imagem inicial. Evite que os leitores tentem fazer com que o consulente valide suas respostas. Dê ao consulente total liberdade para aproveitar o que for útil e deixar de lado o restante.

Ritual das Cadeiras

Embora ler tarô seja um ato de receber informações a partir das imagens e dos padrões que elas formam, é fundamental ouvir a própria intuição ao escolher como perceber e interpretar. O Ritual das Cadeiras oferece uma variedade de opções que, no fim, são escolhidas pelo saber ou senso interno de cada um. Esses impulsos internos de sua sabedoria emocional, sensações físicas, direção mental e espírito abrem novos mundos de possibilidades.

O espaço determina em grande parte o fluxo deste ritual. Um espaço ideal acomoda cinco cadeiras a cerca de um metro de distância entre si, encostadas numa parede, com um "corredor" de pouco mais de três metros se estendendo em linha reta a partir da frente de cada cadeira. Se as dimensões do seu espaço forem limitadas, é possível adaptar o ritual usando menos cadeiras e/ou encurtando os corredores, mas quanto mais espaço, melhor.

Prepare o ritual colocando cartas de tarô viradas para baixo de modo aleatório no chão dos corredores. Siga seus instintos ao escolher e posicionar as cartas. Seja criativo. Um corredor pode conter apenas uma carta colocada na extremidade, outro corredor pode ter cinco cartas espaçadas em intervalos iguais, e outro corredor pode ter três cartas agrupadas no meio, por exemplo.

Peça a cinco leitores que se sentem numa das cadeiras. As cadeiras não são atribuídas; qualquer leitor pode escolher qualquer cadeira vazia. Explique que as opções deles durante esse ritual de quinze minutos são:

1. Não se mover de forma alguma.
2. Se decidirem se mover, que permaneçam no seu corredor.
3. Escolha cartas apenas do seu corredor, se sentir vontade. Você pode virar as cartas e receber as imagens de imediato ou reunir as cartas e levá-las de volta à cadeira.

Instrua os participantes a se deixarem influenciar pelas cartas de tarô em seus respectivos corredores. Eles podem sentir a energia de uma carta, de algumas cartas, ou talvez de todas as cartas em seus corredores individuais, ou talvez não recebam nenhuma mensagem ou conexão; não há resultado certo ou errado. Incentive-os a manter as diretrizes em mente, mas permanecendo engajados, ouvindo os ritmos, movimentos e pensamentos em constante mudança. De início, podem ser mais bem atendidos pela escolha poderosa da imobilidade total, e, se decidirem sair da cadeira, movimentos mais lentos com os olhos meio fechados criam uma sensação de receptividade. Mesmo que sintam que estão representando, incentive-os a permanecerem presentes em seu próprio processo.

Quando todos entenderem as diretrizes, coloque uma trilha sonora de música instrumental. Assegure que os outros fiquem em silêncio na sala. Ao final do exercício, use um sino ou apenas diga "faltam dois minutos" para sinalizar a todos que voltem para suas cadeiras. Quando o tempo acabar, os leitores não poderão mais virar nenhuma carta que tenham deixado intocada, nem mesmo ver as cartas que estiverem segurando, mas que ainda não tenham lido. Se quiserem, eles podem olhar todas as suas cartas depois que a discussão em grupo terminar. Abra espaço para o *feedback* deles. Pergunte como as cartas influenciaram seus pensamentos e movimentos. Quais *insights* eles obtiveram com esse ritual?

O ritual das Cadeiras é uma exploração instigante da expressão não verbal do tarô. A confiança no próprio senso interior de saber é fortalecida ao unir imagens com impulsos internos de se mover, expressar as imagens ou interagir com a energia, olhando ou não para as cartas.

Ritual da Ascensão do Tarô

O movimento traz à tona diferentes perspectivas. Meditação ou visualização guiada faz o mesmo, especialmente em grupo. Essas práticas podem intensificar a sensação de conexão e elevar a energia coletiva. O Ritual da Ascensão do Tarô é uma visualização em grupo que transporta os leitores para uma esfera superior de um mundo do tarô. Providencie um baralho para aqueles que não tiverem um.

Peça a todos que se sentem em um círculo e separem as cartas dos arcanos menores das dos arcanos maiores em seus baralhos. Cada leitor deve se apresentar tirando uma carta de seu monte de arcanos menores e associando-a ao seu nível de energia atual. Por exemplo, um leitor tira o Dois de Ouros. Ele diz seu nome, que tirou o Dois de Ouros, e assume que tem estado ocupado com muitas coisas diferentes ultimamente. Como tem muito o que fazer, está se sentindo cansado.

Eles manterão os arcanos menores separados enquanto embaralham o baralho completo mais uma vez. Peça a todos que se desloquem para um outro lugar com suas cartas. Como líder, diminua as luzes e considere usar uma percussão suave para intensificar essa transição do ritual.

Como guia, leia a seguinte jornada num ritmo constante. Pause em cada asterisco ou por mais tempo, caso perceba uma necessidade de uma pausa maior.

"Sente-se ou deite-se confortavelmente com sua carta de registro de chegada, escolhida entre os arcanos menores. Coloque o restante do baralho num lugar próximo. Reserve alguns minutos para estudar a carta e todos os seus detalhes. * Feche os olhos. Tome consciência de que está neste ambiente. * Nossos corpos só podem estar no presente, sua maior dádiva para nós. Deixe seu corpo e seus sentidos trazerem-no por completo para esse momento presente. * Não há passado nem futuro. Só existe o agora. * Sua respiração se torna mais baixa e lenta. * Um lindo feixe de luz desce do alto. É de uma cor vibrante. Ele se liga ao topo da sua cabeça. * Você se sente subir com facilidade e graça através desse feixe. Você flutua sem esforço enquanto ascende. * [*percussão suave*] * A luz se torna uma espiral e gira ao seu redor. Ela se move mais devagar até parar por completo. * A espiral se dissipa e você se encontra numa cena viva de sua carta de tarô. * Olhe ao redor e veja tudo numa forma tridimensional dessa carta. * Quem é você nessa carta? Você é o personagem principal? Há outras pessoas na carta com você? Como é estar aqui? * Deixe que seus sentidos se expandam. Há um mundo inteiro de tarô fora dessa cena. As 78 cartas agora são vários lugares, pessoas e seres mágicos de um mundo vivo. * Pegue seu baralho. Embaralhe e escolha cartas viradas para cima até encontrar um arcano maior. * [*percussão suave*] * O arcano maior estava esperando sua visita. Quaisquer arcanos menores escolhidos formarão um caminho para o arcano maior. Se você tirou um arcano maior de imediato, imagine-se viajando direto para ele. Se não, atravesse as paisagens dos arcanos menores escolhidos até ver o canto do arcano maior nesse mundo de tarô. * [*percussão suave*] * Ao se aproximar do arcano maior, você sente a eletricidade de sua paisagem. * O ambiente dele começa a aparecer devagar. * Você é um convidado bem-vindo. Ele pode ou não aparecer, mas você sentirá sua presença. * Nos próximos minutos, receba uma mensagem dessa força da natureza. * [*percussão*] * Agradeça a esse guardião com um gesto. Ele responde com outro gesto. * Imagine retornar à sua cena original dos arcanos menores. Você pode notar novos elementos ao longo do caminho. * [*percussão*] * Você entra na cena original, mas agora ela parece muito diferente. Note quaisquer mudanças externas ou mudanças em seu próprio senso de presença aqui. O que está diferente? * A espiral de luz aparece. Ela gira devagar ao seu redor. * Você se sente leve enquanto essa luz cresce. * Você flutua para baixo através desse feixe. * [*percussão*] * A luz desaparece quando seus pés tocam o chão. * Abra os olhos e retorne à sua posição original no círculo."

O *feedback* pode se concentrar nas mudanças da carta dos arcanos menores desde o registro inicial até a entrada e saída do mundo do tarô. Falar sobre o tempo passado com o arcano maior pode, com certeza, criar um diálogo robusto.

O Ritual da Ascensão do Tarô gera um forte respeito pelos arcanos menores. É uma jornada metafórica de como as influências dos arcanos maiores podem transformar nossa vida cotidiana. Imaginar o tarô como um mundo completo em si mesmo, em vez de 78 cartas ilustradas, traz uma sensação de totalidade, ao mesmo tempo que expande os limites da realidade.

Ritual do Círculo de Videntes

Imaginar o mundo do tarô é uma exploração criativa. Outro universo que vale a pena explorar é o passado antigo, já que a adivinhação ocorre há séculos. Mergulhar fundo em nosso passado para trazer à tona um mundo de videntes e adivinhos também fortalecerá a conexão do leitor com essa forma de arte. O Ritual Círculo de Videntes homenageia esses visionários misteriosos por meio de uma encenação imaginativa.

Cada participante precisa de um novo título para si. Esse título é gerado com a escolha de um substantivo e uma localização geográfica. Eu me identifico como um cavalo branco dos Apalaches. Durante três minutos, peça que cada participante reflita sobre suas verdadeiras origens. Incentive-os a usarem o Poder do Faz de Conta para visualizar sua verdadeira essência. Permita que a imaginação voe. Quem é você de verdade?

Divida o grupo pela metade. Uma metade irá embaralhar as cartas e escolher uma carta. Estes são os consulentes, com a intenção de receber um *insight* oportuno. A outra metade são os videntes, que irão se posicionar ao redor da sala. Alguns podem, se quiserem, adotar a pose de uma estátua grega ou de uma esfinge.

Cada consulente se aproxima de um vidente e se apresenta com seu novo título. Cada um deles mostra sua carta ao vidente, que responde com um *insight* breve e verdadeiro. Os videntes podem ser poéticos ou falar em enigmas, caso queiram, ou podem apenas responder com o primeiro pensamento que lhe ocorra.

Peça a todos que retornem aos seus lugares originais. Dê aos consulentes alguns momentos para registrar as mensagens. Enquanto isso, cada vidente embaralha suas cartas e tira a carta que usará quando se tornar um consulente.

Repita o processo com o novo grupo de consulentes e videntes. Quando terminar, o *feedback* pode se concentrar na experiência de ser vidente.

O Ritual do Círculo de Videntes não apenas presta homenagem à nossa linhagem histórica de adivinhação, mas é uma encenação em seu aspecto mais sagrado. Ele oferece às pessoas a oportunidade de expandir suas ideias sobre suas próprias identidades e sua capacidade de transmitir sabedoria.

Resumo

Uma dinâmica de grupo saudável exige limites firmes, expectativas claras e um ambiente de apoio. Com esses fundamentos em prática, os rituais deste capítulo compõem um guia eclético de celebrações para quatro ou mais participantes. Isso inclui o uso das quatro famílias (arcanos da corte) do tarô, gestos, movimento, sondagem de energia, cidades fictícias, entrar nas cartas e reconstruir o ofício de videntes antigos.

Capítulo Nove

RITUAIS FORMAIS

A intenção é um pedido ao Sagrado Criativo. Neste capítulo, a intenção assume os temas míticos de transições, jornadas, honra aos seres sagrados e anciãos, e parcerias. Ao contrário dos rituais em grupo do último capítulo, os rituais formais podem ser realizados com convidados e utilizam o Ritual de Invocação do Círculo. Se alguém testemunhar o ritual mas não fizer parte do círculo sagrado, diga-lhe que não é necessário que ele ou ela aja ou acredite em nenhum paradigma específico, mas que está convidado a observar com amor e apoio.

Entre os muitos ritmos da vida, um dos mais complicados é o da transição. Muitos de nós não lidam bem com essa mudança de energias ou circunstâncias. Os rituais podem fornecer uma ponte valiosa para reconhecer a necessidade de uma pausa ou integração antes da mudança.

Ritual "Entre o que Foi e o que Virá"

O Ritual "Entre o que Foi e o que Virá" é um ritual versátil que pode ajudar um grupo íntimo de estudantes ou amigos a obter um desfecho ao final de uma grande reunião, como um *workshop* ou conferência de fim de semana. É benéfico reservar um tempo após o ritual para criar laços, com comida e conversa. Criar um espaço sagrado com altares e velas não é necessário, mas é um bônus. A unção com óleo e o recebimento de mensagens de tarô do grupo são o ápice do ritual, mas as pessoas podem optar por não participar da bênção com óleo.

Peça a todos que formem um círculo. Use a orientação do Ritual de Invocação do Círculo (p. 37) para abrir os quadrantes. Convide todos a se voltarem para cada quadrante enquanto você invoca os guardiões amorosos de cada elemento com as intenções a seguir:

- *Leste:* Ar – "Pedimos aos guardiões amorosos do Leste que se juntem a nós. Tragam clareza e entendimento sobre esse tempo juntos e sobre o que está por vir."
- *Sul:* Fogo – "Pedimos aos guardiões amorosos do Sul que se juntem a nós. Ajudem-nos a honrar as necessidades e ideias que surgiram para cada um de nós."
- *Oeste:* Água – "Pedimos aos guardiões amorosos do Oeste que se juntem a nós. Ajudem-nos a continuar sendo um refúgio para todos os sentimentos e visões para nós mesmos e para os outros."
- *Norte:* Terra – "Pedimos aos guardiões amorosos do Norte que se juntem a nós. Ajudem-nos a manter uma profunda gratidão por esse tempo juntos e a compartilhar essa graça com os outros."

Uma por uma, cada um irá para o centro do círculo para ser ungida pela pessoa – o ungidor – que está ao seu lado direito no círculo. O ungidor usa azeite ou óleo de massagem (ou água) tocando de leve ambos os pés (não é necessário estar descalço), ambas as palmas, o centro do coração e o terceiro olho da pessoa que está no centro do círculo. Enquanto cada pessoa é ungida, todos no círculo puxam uma carta com a intenção de receber uma mensagem a respeito do mais alto potencial daquela pessoa. Cada um falará sobre a mensagem da carta com apenas uma frase. A pessoa no centro mantém os olhos fechados durante todo o processo e recebe a unção e as leituras.

Depois que todos os participantes tiverem sido ungidos com óleo e mensagens, pode-se ler poemas ou textos de autoria própria em voz alta para consolidar a energia de todos. Feche os quadrantes. Depois, façam uma refeição ou relaxem juntos.

O Ritual "Entre o que Foi e o que Virá" oferece a oportunidade de honrar cada participante com toque amável e mensagens de tarô. O desfecho de um livro, filme ou peça tem uma grande influência sobre a forma como os guardamos na memória. Esse ritual garante uma lembrança amorosa.

RITUAL DA BUSCA

As transições são momentos em que os riscos e a incerteza são necessários. Uma grande mudança ocorre quando alguém decide deixar tudo o que é familiar em sua vida para ter uma noção da vida que deseja criar. Para alguns, isso pode ser uma viagem de carro, deixar um emprego, mudar-se para um lugar desconhecido ou tirar um longo período sabático. O Ritual da Busca apoia esse amigo, membro da família ou parceiro que está dando um salto de fé. É uma bênção de despedida.

Peça ao aventureiro que nomeie quem gostaria que estivesse presente neste ritual de despedida. Para determinar isso, ele pode chamar as pessoas que o apoiam. Peça que cada um dos convidados crie uma mensagem de tarô com antecedência. Peça que tirem uma carta (ou ajude-os a fazer isso se não tiverem um baralho) e criem uma mensagem para a jornada do aventureiro. A intenção para a carta é trazer à tona uma percepção muito necessária e oportuna. Por exemplo, digamos que a carta escolhida seja o Seis de Copas. A mensagem seria: "Seis de Copas – Temos muito orgulho de você por seguir um sonho que está em seu coração há tanto tempo. Você não está sozinho, estamos com você em espírito". Peça ao convidado que registre esse conselho e o coloque em um envelope branco sem marcá-lo. As mensagens de todos serão entregues ao aventureiro no momento do ritual.

Usando uma unção semelhante à do Ritual "Entre o que Foi e o que Virá", reúnam-se em círculo. O viajante ficará sentado no centro. Todos devem ter consigo seu envelope selado. Abra os quadrantes usando as intenções:

- *Leste:* Ar – "Pedimos aos guardiões do Leste que se juntem a nós. Enviem o poder do pensamento claro para abençoar [*nome*] com facilidade na tomada de decisões e uso eficaz de sua comunicação e poderes."
- *Sul:* Fogo – "Pedimos aos guardiões do Sul que se juntem a nós. Enviem energias de criatividade para abençoar [*nome*] e fazê-lo brilhar intensamente enquanto segue seu sonho e se conectar com facilidade àqueles que são solidários e amorosos."
- *Oeste:* Água – "Pedimos aos guardiões do Oeste que se juntem a nós. Enviem ondas de amor para abençoar [*nome*] na criação de uma visão verdadeira e de bem-estar em sua vida."
- *Norte:* Terra – "Pedimos aos guardiões do Norte que se juntem a nós. Enviem sua proteção para abençoar [*nome*] em todos os espaços e lugares."

Anuncie ao aventureiro que ele será ungido e receberá mensagens de magia para sua jornada. Explique que essas mensagens devem ser abertas e interpretadas apenas quando sentir um chamado a elas durante sua viagem. Peça ao aventureiro que escolha alguém do círculo para ungi-lo. Convide essa pessoa a abençoar ambos os pés, ambas as palmas, o centro do coração e o terceiro olho do aventureiro com um óleo (ou água).

Após a unção, cada pessoa do círculo levará seu envelope ao aventureiro. Tenha disponível uma bolsa ou cesto para coletar os envelopes. Nesse momento, cada participante pode ungi-lo à sua maneira ou dizer algumas palavras de apoio. O aventureiro é convidado a receber as bênçãos em silêncio. Feche cada um dos quadrantes agradecendo aos seus guardiões.

O Ritual da Jornada expressa o Sagrado Criativo de maneiras tangíveis. O aventureiro e seu círculo íntimo entram num espaço sagrado para convidar os guardiões a abençoar sua jornada solitária. As mensagens seladas atuarão como apoio sincrônico para o indivíduo enquanto viaja, se muda ou reserva um tempo para si mesmo.

Ritual do Sagrado[7]

Pedir apoio divino é um ato de fé. Os Aliados Divinos são mencionados com frequência ao longo deste livro porque são formas do Sagrado Criativo que podemos imaginar. O Ritual do Sagrado honra aqueles que nos ajudam do outro lado do véu e fortalece nossa compreensão e vínculo com essa relação única. Usando o Poder do Faz de Conta, investigue quem está ao seu lado. Que guardiões o apoiam e o guiam quando necessário? Como você se relaciona com a fonte em sua vida cotidiana? Se não tiver a noção de um aliado invisível, é possível obter uma melhor compreensão dessas parcerias divinas ao realizar o Ritual do Guia (p. 132).

Determine o Aliado Divino, santo, deus, deusa ou energia espiritual que você deseja agradecer e celebrar. Esse ritual é particularmente eficaz após um ciclo difícil ou quando pedidos foram atendidos. Uma vez selecionado, pesquise narrativas, canções, mitos e a história desse querido ajudante.

---

7. Por "sagrado" entende-se a dimensão espiritual, deixando o leitor livre para fazer suas associações de acordo com suas próprias crenças. (N. do RT.)

Se o seu aliado é pessoal e conhecido apenas por você, é melhor realizar sozinho o Ritual do Sagrado. Se outras pessoas de confiança também têm um relacionamento com o seu aliado, o ritual pode ser feito em conjunto. Por exemplo, minha amiga e eu somos devotas de Santa Bárbara, cuja festa é dia 4 de dezembro. Vemos as histórias de Santa Bárbara como escrituras sagradas. A cada ano, nos concentramos em um aspecto diferente. Usamos o Ritual do Sagrado para honrar um aliado ou guia a qualquer momento ou celebrando uma data de honra ao seu nome.

Crie um altar com a imagem do seu santo, símbolos, velas e oferendas. Faça o Ritual de Aterramento (p. 31) ou utilize a fumaça de ervas sazonais. Se houver mais alguém participando do ritual, um deve passar a fumaça sobre o outro. Abra os quadrantes para criar uma atmosfera propícia, como no Ritual de Invocação do Círculo (p. 37). Sente-se confortavelmente e medite por quinze minutos, convidando o santo a guiar suas reflexões e a leitura de tarô.

Após a meditação, discuta ou escreva sobre sua jornada e as mensagens recebidas. Permita que a experiência da meditação influencie como você vai usar o tarô. Decida com os outros como criar uma tiragem que dialogue de modo eficaz com o santo. Depois de compartilhar ou registrar suas mensagens de tarô e/ou contribuir com as mensagens uns dos outros, ofereça uma oração ou poema para expressar sua gratidão pela presença desse ser abençoado em sua vida. Feche os quadrantes com gratidão.

Honrar um ser divino em sua vida é um gesto poderoso e amoroso de gratidão. Compartilhar esse ritual com outras pessoas fortalecerá essa conexão com ele.

Agora, vamos nos voltar para rituais centenários que reconhecem momentos sagrados na vida de uma pessoa. Os rituais de celebrações e iniciações que refletem os ciclos da Lua são realizados em serviço do sagrado feminino: a donzela, a mãe e a anciã. A trindade é um símbolo poderoso do sagrado masculino também. Adapte esses rituais conforme necessário. Uma versão neutra de juventude, maturidade e velhice, sem referência a gênero, pode ser usada como alternativa.

Serão sugeridos momentos para cada um desses três rituais, invocações dos quadrantes, atividades e preparações. Os convidados podem fazer parte do ritual representando certos aspectos ou participar como testemunhas de apoio. Faça o Ritual de Invocação do Círculo como estrutura para este ritual.

Ritual da Donzela

Momentos Possíveis

- Quando a jovem pedir
- Dentro de seis meses após a primeira menstruação
- Antes de a jovem entrar no ensino fundamental II
- No 11º, 12º ou 13º aniversário
- Na lua nova

Invocações dos Quadrantes do Ritual da Invocação do Círculo

- *Leste:* Incenso – Naipe de Espadas – "Pedimos aos guardiões do Leste que se juntem a nós. Por favor, nos concedam percepções, pensamentos novos e ações claras dentro dos poderes amorosos do divino feminino."
- *Sul:* Vela vermelha – Naipe de Paus – "Pedimos aos guardiões do Sul que se juntem a nós. Ajudem-nos a reivindicar nossa sensualidade e sexualidade como uma força vital criativa."
- *Oeste:* Tigela de água com sal – Naipe de Copas – "Pedimos aos guardiões do Oeste que se juntem a nós. Unam-nos de coração e espírito dentro da fonte de toda vida e amor."

- *Norte:* Sal ou terra – Naipe de Ouros – "Pedimos aos guardiões do Norte que se juntem a nós. Concedam-nos a sabedoria para confiar que cada um de nós é uma parte essencial do círculo da vida."

Sugestões de Atividades

- Apresentar e abençoar um novo baralho de tarô (ver o Ritual de Unção do Baralho, p. 44).
- Plantar uma árvore.
- Criar uma bolsa mágica com um item oferecido por cada pessoa, como um cristal ou talismã.
- Fazer uma coroa de fitas.
- Ungir a jovem (como no Ritual "Entre o que Foi e o que Virá", p. 230).

Preparação

- Reúna os materiais necessários para a atividade escolhida.
- Crie pedidos bonitos ou encontre poemas para ler em cada um dos quadrantes.
- Considere as necessidades musicais, como um tambor ou música instrumental.
- Separe os quatro naipes elementais de um baralho de tarô, coloque-os em seus quadrantes específicos e posicione os arcanos maiores no centro.
- Convide quatro amigos para representar e abrir cada quadrante.
- Prepare o espaço executando o Ritual de Invocação do Círculo (p. 37), incluindo um altar com uma vela em cada quadrante e no centro.

O Ritual

Fazendo o Ritual de Invocação do Círculo, abra os quadrantes começando pelo Leste. Se houver pessoas representando cada quadrante, elas deverão caminhar devagar ao redor do círculo enquanto abençoam o espaço com uma representação de seu elemento. Por exemplo, o representante do Oeste pode carregar sua tigela de água e aspergir água enquanto caminha pelo círculo. Ao retornarem ao seu quadrante, devem convidar o guardião lendo a invocação e acendendo a vela.

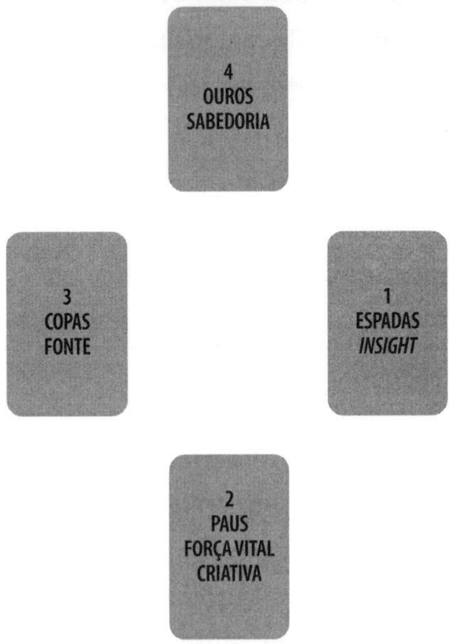

Donzela

A jovem deve ficar no centro. Convide todos a se sentarem em silêncio por cinco minutos, pedindo aos guardiões que abençoem a jovem. Após a meditação, a jovem se dirige a cada quadrante e seleciona uma carta de seu naipe elementar. Ela lê em voz alta tudo o que sente ou pensa ao olhar para a carta. As percepções dos outros participantes são bem-vindas. Designe alguém para registrar as percepções da jovem e dos convidados. Por exemplo, a jovem tira o Cavaleiro de Paus no altar do quadrante Sul. Em resposta, os convidados falam de grandes aventuras e confiança em sua natureza sensual.

A atividade escolhida acontece após a seleção das cartas. Independentemente do lugar escolhido para realizar a atividade, o espaço sagrado permanece ativo até que os quadrantes sejam fechados. Perto do final do ritual, todos no círculo devem abençoar a jovem juntos, com uma frase bonita ou estendendo as palmas das mãos para direcionar energia amorosa à convidada de honra. Fechem os quadrantes agradecendo todas as presenças amorosas. Divirtam-se e façam uma refeição juntos.

Ritual da Mãe

Momentos Possíveis

- Quando a mãe pedir
- Pouco após anunciar a gravidez, adoção ou acolhimento
- Ao abrir um novo negócio
- Para abençoar um projeto
- Ao assumir o papel de mentora, de curadora ou qualquer novo papel de responsabilidade
- Na lua cheia

Invocações dos Quadrantes do Ritual da Invocação do Círculo

- *Leste:* Athame – Naipe de Espadas – *Inícios* – "Pedimos aos guardiões do Leste que se juntem a nós. Pedimos que protejam [*nome*] nesse início. Permitam que percepções claras venham com o poder dos ventos frescos ao aceitarmos esse chamado."

- *Sul:* Incenso – Naipe de Paus – *Crescimento* – "Pedimos aos guardiões do Sul que se juntem a nós. Tragam a paixão que queima intensamente para acender o poder de nosso corpo e nossa criatividade."
- *Oeste:* Graal – Naipe de Copas – *Transformação* – "Pedimos aos guardiões do Oeste que se juntem a nós. Cerquem-nos com a profundidade do amor e visões de nossas musas."
- *Norte:* Cristais – Naipe de Ouros – *Manifestação* – "Pedimos aos guardiões do Norte que se juntem a nós. Ajudem-nos a lembrar que, como filhos da Terra, somos amados e necessários."
- *Centro:* Sementes – Os quatro Ases e os arcanos maiores – *Destino*

Sugestões de Atividades

- Se estiver grávida, decorar a barriga com uma pintura segura de henna ou com canetas de tatuagem temporária (o desenho deve ser escolhido com antecedência pela mãe e pelo especialista em henna).
- Realizar uma unção da mãe (como no Ritual "Entre o que Foi e o que Virá", p. 230).
- Massagear os pés enquanto alguém lê uma história, texto ou poema.
- Pedir que cada participante expresse um desejo ao amarrar um nó numa fita e fazer uma coroa com elas.

Preparação

- Reúna os materiais necessários para a atividade escolhida.
- Divida as cartas de acordo com o significado de cada quadrante.
- Coloque os quatro Ases e os arcanos maiores no altar central.
- Convide quatro amigos para representar e abrir cada quadrante.
- Considere as necessidades musicais, como um tambor ou música instrumental.
- Prepare o espaço usando o Ritual de Invocação do Círculo (p. 37), incluindo um altar com uma vela em cada quadrante e no centro.

O Ritual

Ao ministrar o Ritual de Invocação do Círculo (p. 37), abra os quadrantes começando pelo Leste. Cada representante desse quadrante deverá caminhar devagar ao redor do círculo enquanto abençoa o espaço com uma representação de seu elemento. Ao retornarem ao seu quadrante, devem convidar o guardião, lendo a invocação e acendendo uma vela.

Convide todos a se sentarem em silêncio e meditarem por cinco minutos, pedindo que guardiões abençoem a mãe. A mãe fica no centro. Após a meditação, a mãe se dirige a cada quadrante e seleciona uma carta. Ela lê em voz alta tudo o que sente ou pensa ao olhar para a carta. As percepções dos outros participantes são bem-vindas, dentro dos temas: início, crescimento, transformação e manifestação do tópico específico que está sendo honrado. Designe alguém para registrar as percepções da mãe e dos convidados. A mãe então vai ao centro e escolhe apenas um ás e um arcano maior. O Ás como semente e o arcano maior como guardião servirão como o foco mais necessário para a vitalidade dessa jornada.

A atividade escolhida acontece após a seleção das cartas. Independentemente do lugar escolhido para realizar a atividade, o espaço sagrado permanece em vigor até que os quadrantes sejam fechados. Peça que todos no círculo abençoem a mãe juntos. Pode ser uma canção simples liderada por alguém. Fechem os quadrantes agradecendo todas as presenças amorosas. Divirtam-se e façam uma refeição juntos.

Mãe

Ritual da Anciã

Momentos Possíveis

- Quando a anciã pedir
- Perto ou acima dos 50 anos

- Tendo passado pela menopausa
- Ao tornar-se avó
- Na aposentadoria

Invocações dos Quadrantes do Ritual da Invocação do Círculo

Algumas semanas antes do ritual, peça que a pessoa que será celebrada como a anciã divida o baralho de tarô em quatro grupos: ser, explorar, nutrir e conectar. Escolha apenas as cartas que realmente se relacionam com essas quatro categorias. Essa seleção é feita apenas pelo senso intuitivo da anciã. Crie um grupo de descarte para as cartas que não se encaixam bem em nenhum dos quatro grupos. Os quatro grupos se correlacionam com os quatro quadrantes.

- *Leste:* Brinquedos – Inocência da infância – *Cartas de tarô escolhidas para ser* – "Pedimos aos guardiões do Leste que se juntem a nós. Tragam-nos as percepções necessárias para iniciar a jornada de nossa anciã, [*nome*]."
- *Sul:* Flores – Energia da donzela – *Cartas de tarô escolhidas para explorar* – "Pedimos aos guardiões do Sul que se juntem a nós. Que possamos abrir nosso coração e corpo às chamas da paixão e à força vital criativa."
- *Oeste:* Objeto espiral ou circular – Amor da mãe – *Cartas de tarô escolhidas para nutrir* – "Pedimos aos guardiões do Oeste que se juntem a nós. Ajudem-nos a fluir na unidade de um só ser com todas as mães, humanas e divinas."
- *Norte:* Sal/terra e uma coroa – Sabedoria do ancião – *Cartas de tarô escolhidas para conectar* – "Pedimos aos guardiões do Norte que se juntem a nós. Aceitem nossa anciã, [*nome*], no círculo dos anciãos."

Sugestões de Atividades

- Reunir os materiais necessários para a atividade escolhida.
- Celebrar o aniversário da nova anciã compartilhando bolo e bebidas.
- Apresentar e abençoar um livro de histórias de seus amigos e familiares sobre a influência de seu amor; ler alguns trechos.
- Ungir a anciã (como no Ritual "Entre o que Foi e o que Virá", p. 230).
- Pedir que cada participante expresse um desejo ao amarrar um nó numa fita e fazer uma coroa com elas.
- Apresentar e abençoar um novo baralho de tarô (ver o Ritual de Unção do Baralho, p. 44).
- Criar uma bolsa mágica com um item oferecido por cada pessoa, como um cristal ou talismã.

Preparação

- Coloque os quatro grupos de cartas de tarô selecionadas pela anciã em cada um dos quadrantes.
- Reúna os materiais necessários para a atividade escolhida.
- Considere as necessidades musicais, como um tambor ou música instrumental.
- Convide quatro amigos para representar e abrir cada quadrante.
- Prepare o espaço usando o ritual de Invocação do Círculo (p. 37), incluindo um altar com uma vela em cada quadrante e no centro.

O Ritual

Ministrando o Ritual de Invocação do Círculo, abra os quadrantes começando pelo Leste. Cada representante de cada quadrante deve caminhar devagar ao redor do círculo enquanto abençoa o espaço com uma representação de seu elemento. Por exemplo, o representante do Sul pode carregar flores enquanto caminha ao redor do círculo. Ao retornarem ao seu quadrante, devem colocar as flores no altar e convidar o guardião, lendo a invocação. Após a leitura da invocação, acender a vela sempre cria uma imagem e metáfora poderosas.

A anciã fica no centro. Convide todos a se sentarem em silêncio por cinco minutos, pedindo que os guardiões a abençoem. Após a meditação, a anciã se dirige a cada quadrante e seleciona uma carta. Ela lê em voz alta tudo o que percebe ou pensa ao olhar para a carta. As percepções dos outros participantes são bem-vindas, dentro dos temas: infância, donzela, mãe e tornar-se anciã. Designe alguém para registrar as percepções da anciã e dos convidados.

A atividade escolhida acontece após a seleção das cartas. O espaço sagrado permanece em vigor até que os quadrantes sejam fechados. Toque um tambor ou coloque música instrumental enquanto todos se sentam em silêncio por cinco minutos. Peça que todos no círculo abençoem a anciã juntos. Fechem os quadrantes agradecendo a todas as presenças amorosas. Divirtam-se e façam uma refeição juntos.

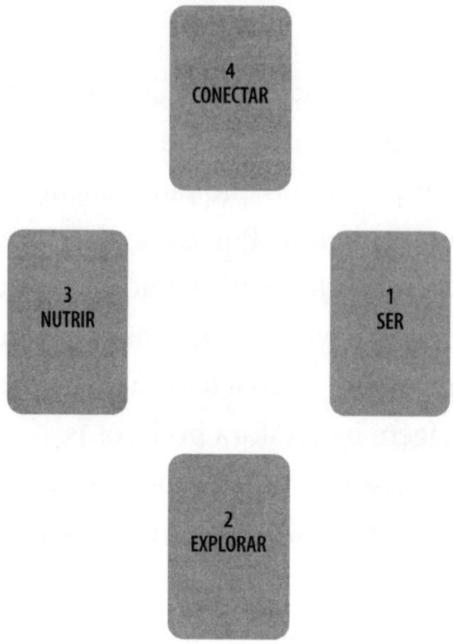

Anciã

Ritual da Bênção das Alianças

Outro ritual antigo é o do casamento. Existem dois rituais a considerar: um é uma cerimônia privada de bênção das alianças e o outro é um casamento completo baseado no tarô. O primeiro, a Bênção das Alianças, é realizado com o casal antes do casamento. Como os casamentos em geral incluem familiares e amigos que podem não se sentir à vontade com o tarô, este ritual é uma solução íntima e privada. A intenção do ritual é abençoar as alianças e fornecer uma leitura para a vida inteira do casal.

Encontre-se com o casal num local privado até três dias antes ou no dia do casamento. O nascer do sol é um momento particularmente mágico para esse ritual. As alianças de casamento e as cartas dos arcanos maiores são tudo o que é necessário. Embora você vá invocar os quadrantes como no Ritual de Invocação do Círculo, não serão utilizados altares, velas ou itens semelhantes. O ritual é simples, focando na escolha das cartas e na bênção das alianças.

Como líder do ritual, fique diante do casal enquanto os três se voltam para cada um dos quadrantes, sucessivamente. Convide os guardiões e os Ancestrais Amados de cada uma das direções. Depois que o espaço sagrado for criado, posicione o casal no centro.

O foco de cada direção é criar uma energia que culminará na bênção das alianças. Cada membro do casal escolhe uma carta para as quatro direções e para o centro. Quando você receber as cartas escolhidas, mantenha-as agrupadas e na exata sequência de seleção.

- *Leste:* "Esta carta representa a semente da sua união. Permita que ela absorva o valor central do seu relacionamento. Quando houver dúvidas, lembrem-se dessa concepção de amor."
- *Sul:* "Esta carta traz uma mensagem sobre como crescer, ceder, aprender e apoiar um ao outro. Ela fala de como os egos são deixados de lado vez após outra para trazer à tona o melhor de cada um."
- *Oeste:* "Esta carta fala do propósito maior dessa conexão. Ela mostra a direção em que a maior transformação pode ocorrer em vocês, a serviço do amor."
- *Norte:* "Este *insight* é o caminho do Sagrado Criativo [*ou a forma como o casal define a fonte ou o espírito*] no casamento de vocês. Estes são os benefícios a serem alcançados e o serviço que essa união prestará ao mundo."
- *Carta do Centro:* Cada um escolherá uma carta que representa o mistério que se revelará ao longo do tempo para cada um.

> Essa mensagem é uma descoberta em evolução sobre o papel de cada um nessa união

Recolha as cartas nesse momento para serem interpretadas e compartilhadas com o casal como um livreto de casamento. Depois que as cartas forem selecionadas e reunidas, é hora da bênção das alianças. Cada pessoa deve segurar sua própria aliança na mão esquerda. Oriente-os a colocar a mão direita sobre a mão em concha do parceiro. Peça para fecharem os olhos. Coloque suas mãos sobre as mãos de ambos. Invoque as bênçãos dos guardiões e dos Ancestrais Abençoados deles para que essas alianças se tornem sagradas. Pode ser bom procurar ou criar uma oração ou bênção para ler nesse momento. Sinalize o encerramento deste ritual pedindo ao casal que se junte a você enquanto

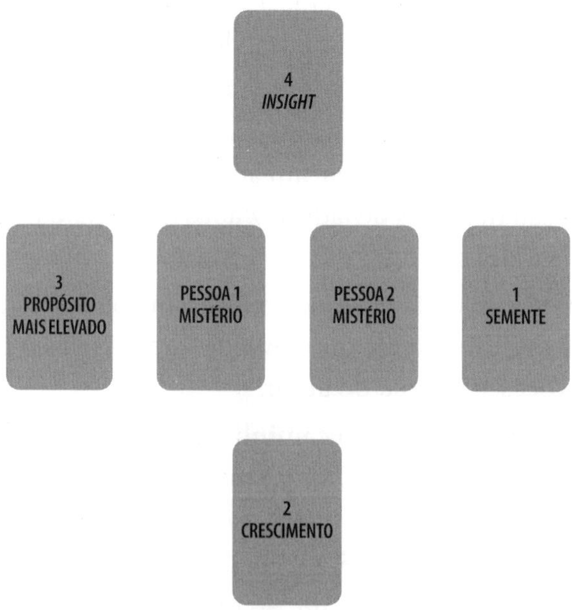

Bênção das Alianças

se voltam para cada quadrante para agradecer e liberar os guardiões. Há magia em manter esse ritual privado e secreto. O poder se manifestará no momento da troca das alianças durante o casamento.

Antes do primeiro aniversário de casamento, crie um livreto ou documento que inclua as intenções, todos os poemas ou ditados recitados, as imagens das cartas escolhidas e uma definição detalhada de cada carta. Sugira que eles revisitem essa leitura durante os aniversários de casamento.

Ritual de Casamento com Tarô

O ritual de Casamento com Tarô é uma expressão completa de amor, com o tarô como aspecto central. Assim como no ritual de Bênção das Alianças, o casal escolhe cartas para serem interpretadas mais tarde. Registrar cada intenção, imagem das cartas e definição cria uma leitura que pode se aprofundar e expandir em sabedoria ao longo dos anos para o casal.

O casamento é uma verdadeira oportunidade de fornecer uma rede energética para o casal ao longo de sua união. Uma conversa aprofundada com o casal criará uma união que atenderá à sua definição de amor e do Sagrado Criativo. Ofereça assistência na criação de seus votos e na seleção de leituras, poemas, passagens e músicas, para que essa essência seja manifestada em todos os detalhes do ritual. Considere fazer os padrinhos representarem os quatro quadrantes. Faça o Ritual de Invocação do Círculo (p. 37) ou uma variação dele como um modelo básico. Está inclusa uma variação da invocação dos quadrantes que convida os quatro arcanjos. Esse ritual funciona bem num ambiente ao ar livre, com bastante espaço para o casal e o celebrante se movimentarem.

Prepare os altares dos quadrantes e do centro com flores e velas. Uma ferramenta sagrada colocada em cada um dos quatro altares elementares pode se tornar um presente de casamento precioso para o casal: Leste – uma faca que será usada para cortar o bolo de casamento; Sul – uma vela de unidade; Oeste – uma tigela com água; e Norte – uma pedra ou cristais. O altar central portará as alianças, os votos, os sinos, as leituras e as cartas dos arcanos maiores do tarô.

Aterramento

Antes de entrar no espaço ritual, faça com que os padrinhos e o celebrante se aterrem uns com os outros, conforme mostrado na jornada de Samhain (p. 187), utilizando a fumaça de um maço de ervas sazonais. A ancoragem altera o foco e pode ajudar a unir os participantes a si mesmos e uns aos outros.

Abertura

Cumprimente os convidados e agradeça a presença deles como testemunhas amorosas do casal. Mencione a todos que não é necessário que façam nada nem que acreditem em qualquer parte do ritual, exceto apoiar [*nome*] e [*nome*] nesse novo começo de suas vidas em matrimônio.

Procissão

Os padrinhos e o casal entram ao som de música.

Invocação dos Quadrantes

Convide todos a se levantarem e se voltarem para cada um dos quadrantes. Abra os quadrantes com estas invocações, se estiver usando os arcanjos como guardiões:

- *Leste:* "Eu invoco o poderoso Arcanjo Miguel, o Defensor, o Príncipe da Luz, para nos proteger em momentos de necessidade. Encha-nos com frescor. Que haja céus limpos e mentes claras para enxergarmos nosso caminho. Que nossas palavras criem um espaço seguro e sagrado."

- *Sul:* "Eu invoco o poderoso Arcanjo Uriel, o Anjo da Conversão. Venha suavemente e deixe todo medo morrer aqui nesse lugar. Entre em nosso coração e nos aqueça. Ajude-nos a sair do isolamento para cumprimentar uns aos outros. Que nossas emoções saiam de seus esconderijos."
- *Oeste:* "Eu invoco o poderoso Arcanjo Rafael, o Curador, o Guardião das Águas, para vir e nos infundir com paz e plenitude. Ajude-nos a lembrar de onde viemos. Que todos nós estejamos conectados. Que nossas energias fluam suaves. Que a seca da separação chegue ao fim."
- *Norte:* "Eu invoco o todo-poderoso Arcanjo Gabriel, o Arauto. Envie sua sabedoria sobre todos os começos sagrados. Fortaleça nossa determinação. Mantenha-nos centrados. Ajude-nos a estar aqui agora. Que nosso corpo seja forte para nos amarmos."

Antes de nos Conhecermos

Peça ao casal que se posicione o mais longe possível um do outro, de costas um para o outro. Como celebrante, fique próximo ao altar central e diga:

> "*Voltem ao tempo antes de se conhecerem. Pensem em quem vocês eram naquela época. O que sabiam sobre o amor até aquele momento? Qual era a forma de seu coração, mente e corpo naquela época?*"

Dê a ambos alguns minutos para introspecção. Dirija-se a cada um e peça que escolham uma carta do baralho. Mantenha as cartas separadas e coloque-as no altar central.

Quando nos Conhecemos

Instrua o casal a permanecer na mesma posição, mas a virarem e se olharem, e diga:

> *"Voltem ao momento em que se viram pela primeira vez ou reconheceram um ao outro como seu amado. Lembrem-se desses sentimentos e impressões. O que vocês se lembram de ter sentido?"*

Dê a ambos algum tempo antes de pedir que cada um escolha uma carta. Leve-as de volta ao altar central.

Quando nos Apaixonamos

Oriente-os a caminhar devagar um em direção ao outro, parando a cerca de sessenta centímetros de distância um do outro. Enquanto caminham, diga:

> *"Permitam-se lembrar da energia de se apaixonar um pelo outro. Que confiança e coragem foram necessárias? Caminhem novamente por essa magia. Ela os trouxe a esse dia de compromisso."*

Quando sentir que é o momento certo, dirija-se a cada um e permita que escolham uma carta. Devolva ambas as cartas ao centro.

Desafio

Peça que permaneçam na mesma posição, mas voltem as costas um para o outro.

> *"Voltem para aqueles momentos difíceis em que tiveram dúvidas ou enfrentaram questões dentro de si e com o outro. Sem*

julgamentos, reconheçam as sombras que podem tê-los afastado do amor. Enviem paz eterna a esses desafios."

Peça que cada um escolha uma carta.

Este Momento Eterno

Oriente-os a se voltarem um para o outro e a se aproximarem um do outro. Diga:

"O passado e o futuro não existem. A eternidade é tudo e está neste exato momento. Estejam um com o outro neste momento sagrado. Sintam o apoio de suas testemunhas amorosas."

Peça a todos que fechem os olhos para convidar a proteção e o poder do amor a envolver [*nome*] e [*nome*]. Toque um sino três vezes, com pausas generosas entre cada toque. Após o último toque, peça que cada um dos noivos escolha a carta final.

Poemas/Passagens/Músicas

O conteúdo selecionado é lido ou apresentado pelos ajudantes.

Troca de Votos

Vire-se para um dos noivos e pergunte:

"*Você* [nome] *aceita* [nome] *como seu legítimo cônjuge?*"

Ele ou ela responde:

"Aceito."

"E promete mantê-lo(a), amá-lo(a) e confortá-lo(a), na saúde e na doença, na riqueza e na pobreza, nos melhores e nos piores momentos, e ser fiel até que a morte os separe?"

Ele ou ela responde:

"Aceito."

Repita com o outro parceiro.

Bênção e Troca das Alianças

Volte-se para o casal e diga:

"Que estas alianças sirvam como um símbolo eterno de abertura e disposição para receber. Entregar-se é abrir mão do controle, mas não do poder. Entregar-se é um ato feito para aumentar seu próprio poder. Quando estamos dispostos a receber, estamos acolhendo mais amor, e quando acolhemos mais amor, estamos recebendo mais independência, mais liberdade, mais da fonte."

Enquanto o casal trocam as alianças, colocando-as no dedo um do outro, eles dizem:

"[Nome], *eu lhe dou esta aliança como sinal do meu compromisso e do meu amor."*

Poemas/Passagens/Músicas

O conteúdo selecionado é lido ou apresentado pelos ajudantes.

Pronunciamento

Olhe para o casal e diga:

"*Pelo poder que me foi concedido por* [estado ou outra autoridade governamental], *eu os declaro cônjuges para a vida toda. Vocês podem se beijar. Agradecemos aos seres divinos que aqui estão como testemunhas e guias.*"

Toque o sino antes de proclamar:

"*Este círculo está aberto, mas nunca será quebrado.*"

Casamento com Tarô

Despedida

Os ajudantes saem.

Em uma ocasião como esta, a intenção de agradecer ao divino e tocar o sino será suficiente para fechar os quadrantes.

Antes do primeiro aniversário de casamento, crie um livreto ou documento que inclua as intenções, orações, letras das músicas utilizadas, as imagens das cartas escolhidas e uma definição completa de cada carta. Sugira que revisitem essa leitura a cada aniversário para obter *insights* contínuos.

Resumo

A energia do grupo combinada dentro de um espaço sagrado produz uma intimidade poderosa para todos os envolvidos, sejam aqueles que participam ativamente do ritual ou os que o testemunham. Este capítulo descreve vários rituais úteis para facilitar transições, invocar apoio para uma pessoa que está embarcando numa aventura e oferecer apoio nas passagens da vida. O Ritual do Sagrado expressa gratidão por nossos guias pessoais e Aliados Divinos. Os três aspectos do divino feminino recebem uma interpretação moderna de rituais centenários. O casamento e a bênção das alianças são reinterpretados dentro da sabedoria do tarô.

Capítulo Dez

CRIANDO SEUS PRÓPRIOS RITUAIS

Este livro compartilha várias maneiras de combinar rituais com o tarô. Você pode já ter percebido diferentes escolhas que faria. Neste capítulo, discutiremos a importância de definir todas as escolhas na criação de um ritual poderoso e eficaz.

Algumas relações fundamentais são essenciais. Primeiro, sua compreensão do Sagrado Criativo determinará todo o resto, seja ele uma divindade, a fonte, o amor, o espírito, a nossa melhor natureza ou outra modalidade. Fazer esse trabalho exige o seu próprio entendimento da fonte de poder com a qual você está colaborando.

Em segundo lugar, seu senso de si mesmo é fundamental para criar a ponte com o Sagrado Criativo. A forma como você percebe sua própria natureza como parte dessa fonte será refletida em todos os aspectos do ritual. Identificar-se como um espírito vivendo uma experiência humana, um ser energético formado pelos quatro elementos, uma representação viva de seus ancestrais, um cavalo branco dos Apalaches e/ou outras realidades influencia a reciprocidade com o mistério.

Uma sólida relação pessoal com o Sagrado Criativo é essencial para evitar o mau uso de energias ou a perda de tempo. Ao desenvolver seu próprio entendimento, no entanto, não subestime o Poder do Faz de

Conta. Libertar-se da necessidade de provas e suspender a lógica abre espaço para novas possibilidades, tal como o Louco ao dar um passo de um penhasco rumo ao desconhecido. Criar a realidade que você deseja e precisa requer muitos desses saltos de fé.

Os rituais de tarô tornam as coisas sagradas. Ao confiar em sua base e seguir sua própria autoridade criativa, é possível criar rituais de tarô de grande magnitude. Preste atenção nos impulsos ou sinais de que um ritual de tarô é necessário. Esses momentos podem incluir quando há necessidade de mudar energia e poder, quando se está resistindo à mudança, sentindo-se impotente, precisando de conexão ou apoiando as jornadas de outros. Em um mundo que se tornou incerto para muitos de nós, siga sua paixão e curiosidade para criar os rituais necessários para você e para os outros. O questionário a seguir oferece orientações para criar e personalizar seus próprios rituais.

Questionário para Criação de Rituais

A Intenção

Como a ideia foi originalmente concebida?
O que precisa ser expresso ou pedido?
Como seria a manifestação do pedido?
Trata-se de um encontro sagrado, um exercício, uma jornada pessoal ou outra coisa?

Estrutura

Outras pessoas estarão envolvidas no ritual ou ele será solitário?
Se outras pessoas fizerem parte do ritual, o que se espera delas?
Haverá participantes que apenas observarão?
Será essencial criar um espaço sagrado forte, abrindo os quadrantes, ou um simples aterramento será suficiente?
Se o ritual for mais parecido com um exercício, você o liderará?

Cartas de Tarô

O tarô será necessário para:

Estabelecer a intenção?
Atuar como o principal canal para receber mensagens durante o ritual?
Afirmar e esclarecer os *insights* obtidos durante o ritual?
Outra função?

Atividade

Quais processos são necessários para proporcionar uma conexão interativa com o Desconhecido Criativo:

Leitura do tarô?
Uma visualização?
Meditação silenciosa?
Arte?
Movimento?
Outra atividade?

Visuais

Quais efeitos poderiam aprimorar o ritual:

Iluminação – velas, luz da lua ou luz do sol?
Altares para os quadrantes e/ou centro?
Flores ou outros símbolos e objetos?
Fantasias para os participantes?
Outra coisa?

Som

Quais sons ou músicas poderiam elevar a experiência do ritual a outro nível:

Percussão ou música instrumental?
Uma canção?
Um sino?
Sons naturais, como chuva caindo de leve ou ondas na praia?

Silêncio planejado?
Outra coisa?

Espaço

Será num ambiente interno ou ao ar livre?
O que os movimentos dentro do ritual exigiriam em termos de espaço?
O que é necessário para a disposição dos assentos?
Como a privacidade será assegurada?

Texto

O que precisa ser lido ou dito em voz alta?
Quem deve falar?
Poesia ou narrativas proporcionarão um aprimoramento?
Quais invocações serão usadas ao invocar os quadrantes?

Movimento

Há necessidade de canalizar energia de forma não verbal?
Gestos significativos, como os do Mago, devem ser incluídos?
Deve haver instruções básicas de encenação, como padrões de caminhada, para os participantes do ritual?

Tempo

Há uma data, hora ou aniversário especial para esse ritual?
Qual será a duração do ritual?
Existem períodos específicos a serem observados no ritual, como uma meditação de quinze minutos?

Depois de ter um plano básico, reserve um tempo para que o Sagrado Criativo forneça novos *insights* ou ideias. Todos os relacionamentos saudáveis, como o que você está desenvolvendo agora com o Sagrado Criativo, são recíprocos; por isso, evite tomar decisões unilaterais.

Retorne aos seis princípios (p. 155) para garantir um fluxo saudável do ritual:

- Aterramento: Crie um espaço neutro.
- Intenção: Permita que uma pergunta, pedido ou desejo verdadeiros emerjam.
- Forma: Escolha uma estrutura para reunir os *insights* e pistas do Sagrado Criativo.
- Sincronicidade: Ouça e conecte-se à resposta do Sagrado Criativo.
- Encerramento: Agradeça e faça suas despedidas.
- Integração: Incorpore a magia em sua vida.

Considere os rituais deste livro como receitas básicas. Assim como qualquer bom cozinheiro faria, experimente e acrescente suas próprias preferências de sabor. Quer esteja praticando sozinho ou com um grupo de amigos ou estudantes curiosos acerca do tarô, dê livre curso à sua imaginação. Além disso, seja você um leitor de tarô experiente ou não, use sua autoridade criativa para determinar as mensagens recebidas através das cartas.

Resumo

Este último capítulo destaca alguns elementos a serem considerados caso se resolva criar rituais de tarô. Um questionário o ajuda a esclarecer a necessidade, a forma e o resultado desejado de qualquer ritual que deseje se manifestar através de você. Os Seis Princípios são uma referência simples para rituais, sejam eles profundamente sagrados por natureza, sejam explorações básicas.

CONCLUSÃO

Os rituais de tarô são a alquimia da ação simbólica e da linguagem que, juntas, produzem um teatro sagrado. Os benefícios de investir em seu próprio bem-estar e criatividade valem o esforço e o foco que esse trabalho exige.

O tarô é um mapa para ser divinamente humano. Os arcanos menores são uma navegação por um mundo feito de elementos. Os arcanos maiores são portais de amor e poder. Manter-se plenamente aberto ao mistério e à magia do dia a dia fortalece sua autoridade criativa. Mantenha-se sempre fiel a isso. O Poder do Faz de Conta o ajudará sempre que você recorrer a ele.

Se você está começando seu caminho no tarô com a leitura deste livro, dedique tempo e atenção ao Ritual para Entrar na Carta (p. 46). Aproveite e saboreie essa jornada em cada carta, pois esse alfabeto se tornará não apenas uma linguagem, mas uma canção.

Em um momento anterior, sugeri que você batesse no livro três vezes a cada vez que fosse abri-lo. Alguns de vocês que aderiram a esse pequeno ritual têm sua própria percepção sobre o que esse gesto simbólico mudou para cada um. Outros permaneceram fiéis a esse ritual, na expectativa de uma explicação posterior. Minha intenção com esse ritual era que você batesse às portas do próprio mistério, esperando que fossem abertas. Quer você chegue a suas próprias conclusões, quer aguarde respostas ou tenha clareza sobre o mistério, confie que a magia funcionou.

O Espírito do Tarô é vasto e generoso. Se você não acredita que é um ser mágico capaz de feitos de amor, crie rituais de tarô para mostrar os marcos no caminho. Precisamos da sua magia.

Bênçãos em sua jornada.

LEITURAS RECOMENDADAS

ANTENUCCI, Nancy; HOWARD, Melanie. *Psychic Tarot: Using Your Natural Abilities to Read the Cards*. Woodbury, MN: Llewellyn Worldwide, 2011.

AURYN, Mat. *Psychic Witch: A Metaphysical Guide to Meditation, Magick, and Manifestation*. Woodbury, MN: Llewellyn Worldwide, 2020.

BALDWIN, Christina; LINNEA, Ann. *The Circle Way: A Leader in Every Chair*. São Francisco: Berrett-Koehler Publishers, 2010.

CEHOVET, Bonnie. *Tarot, Rituals & You: The Power of Tarot Combined with the Power of Ritual*. Atglen, PA: Schiffer Publishing, 2013.

CYNOVA, Melissa. *Tarot Elements: Five Readings to Reset Your Life*. Woodbury, MN: Llewellyn Worldwide, 2019.

ELFORD, Jaymi. *Tarot Inspired Life: Use the Cards to Enhance Your Life*. Woodbury, MN: Llewellyn Worldwide, 2019.

FAIRFIELD, Gail. *Everyday Tarot: A Choice Centered Book*. Boston: Red Wheel/ Weiser, 2002.

FOOR, Daniel. *Ancestral Medicine: Rituals for Personal and Family Healing*. Rochester, VT: Bear and Company, 2017.

GORDON-LENNOX, Jeltje. *Crafting Secular Ritual: A Practical Guide*. Londres: Jessica Kingsley Publishers, 2017.

GRAHAM, Sasha. *Tarot Diva: Ignite Your Intuition Glamourize Your Life Unleash Your Fabulousity!*. Woodbury, MN: Llewellyn Worldwide, 2011.

GREER, Mary K. *Tarot for Your Self: A Workbook for the Inward Journey*. Newburyport, MA: Weiser Books, 2019.

HITE, Sheilaa. *101 Tarot Spreads by 20 Tarot Modern Masters, vol 1*. Lenox, MA: The Center for Practical Spirituality, 2016.

McGREGOR, Andrew. *A Tarot of You: Finding Yourself in the Cards*. Toronto: The Hermit's Lamp Press, 2016.

MOORE, Barbara. *Modern Guide to Energy Clearing*. Woodbury, MN: Llewellyn Worldwide, 2018.

POLLACK, Rachel. *Rachel Pollack's Tarot Wisdom: Spiritual Teachings and Deeper Meanings*. Woodbury, MN: Llewellyn Worldwide, 2008.

REED, Theresa. *The Tarot Coloring Book*. Stanford, CT: U.S. Games Systems, Inc., 2016.

STARHAWK. *The Earth Path: Grounding Your Spirit in the Rhythms of Nature*. Nova York: HarperCollins, 2004.

______. *The Spiral Dance: A Rebirth of the Ancient Religion of the Goddess*. Nova York: HarperCollins, 1979. [*A Dança Cósmica das Feiticeiras*. São Paulo: Cultrix, 2021.

WORTH, Liz. *The Power of Tarot: To Know Tarot, Read Tarot, and Live Tarot*. Morrisville, NC: Lulu Publishing Services, 2019.